跟杨德龙学价值投资

抓住白龙马股 拥抱黄金十年

杨德龙 著

電子工業出版社
Publishing House of Electronics Industry
北京•BEIJING

图书在版编目（CIP）数据

跟杨德龙学价值投资：抓住白龙马股　拥抱黄金十年 / 杨德龙著. — 北京：电子工业出版社，2021.6
ISBN 978-7-121-41301-8

Ⅰ. ①跟… Ⅱ. ①杨… Ⅲ. ①股票投资—基本知识②基金—投资—基本知识
Ⅳ. ① F830.91 ② F830.59

中国版本图书馆 CIP 数据核字（2021）第 105930 号

责任编辑：张振宇
印　　刷：天津千鹤文化传播有限公司
装　　订：天津千鹤文化传播有限公司
出版发行：电子工业出版社
　　　　　北京市海淀区万寿路 173 信箱　　邮编：100036
开　　本：880×1230　1/32　印张：9.875　字数：240 千字
版　　次：2021 年 6 月第 1 版
印　　次：2021 年 6 月第 1 次印刷
定　　价：68.00 元

凡所购买电子工业出版社图书有缺损问题，请向购买书店调换。若书店售缺，请与本社发行部联系，联系及邮购电话：（010）88254888，88258888。
质量投诉请发邮件至 zlts@phei.com.cn，盗版侵权举报请发邮件至 dbqq@phei.com.cn。
本书咨询联系方式：（010）88254210，influence@phei.com.cn，微信号：yingxianglibook。

前　言

过去十几年，很多朋友在央视、凤凰卫视、四大证券报、财经网站及各个自媒体上经常看我发表的一些文章或观点，跟随我一起学习价值投资理念，学习基本面研究方法。衷心感谢各位粉丝朋友的大力支持，您的坚定支持，是我不断前进的不竭动力。

首先给大家做一下简单的自我介绍。我于1981年农历6月28出生在河南省夏邑县，自小热爱学习，酷爱读书，被称为“清华的苗子”。经过十年寒窗，终于得偿所愿，1999年7月以市理科高考状元的成绩考入清华大学机械工程系。2003年7月本科毕业时，我认为中国的工业化逐渐完成，即将进入金融化、资本化阶段，果断选择改专业考研。经过半年不懈努力，成功考入北大光华管理学院金融系攻读硕士研究生，有幸师从著名经济学家厉以宁和曹凤岐等经济学泰斗，进入金融殿堂。2006年7月，我以北大光华金融系前三名的成绩毕业，获得北大优秀毕业生称号。

毕业之后，我即来到改革开放的窗口深圳，进入当时最大的基金公司之一——南方基金研究部做汽车行业研究员。我在南方基金做投资和研究工作，一做就是十年，前面四年做行业研究员，后面六年做首席策略分析师和基金经理。2014年，我管理的南方策略优化基金，获评基金行业“奥斯卡”——年度股票型基金金牛奖。2016 年 3 月我告别南方基金，加盟前海开源基金做事业合伙人，执委会委员，基金经理，首席经济学家。2019 年我管理的前海开源裕源 FOF 获得公募 FOF 第一名。

2009 年起，作为央视特约评论员，我十余年如一日，坚持每周在中央二台交易时间、市场分析室、央视财经评论、正点财经等节目做直播。在凤凰卫视、第一财经、香港 TVB、香港有线等电视台做特邀嘉宾。在“四大证券报”——《上海证券报》《中国证券报》《证券时报》《证券日报》等专业报刊上发表的文章，累计数百篇。我在新浪财经、金融界、和讯网、东方财富网等专业财经网站开设博客和专栏，拥有数百万粉丝。根据全景网基金行业人物曝光度排行榜，2012 年之前排第一名的是“基金一哥”王亚伟，我一直排名第二。2012 年以后，随着王亚伟“奔私”，我连续九年蝉联行业第一名，个人的行业曝光度占有率一度达到 17%，被称为中国曝光度最高的首席经济学家。

2016 年—2019 年，我四次赴美参加一年一度的巴菲特股东大会，现场聆听股神巴菲特和芒格的真知灼见，对价值投资理念有了更加深刻的了解。长期以来，我一直致力于把价值理念推荐给 A 股投资者，强调价值投资同样适用于 A 股市场。过去五年，价值投资在中国已经逐步深入人心，坚持价值投资，拥抱白龙马股的投资者获得了巨大回报，而绩差股、题材股和消息股则遭到资金抛弃。

经过五年大幅上涨之后，现在市场对于白龙马股看法有分歧，我认为这是好事，说明白龙马股行情远远没有结束。建议投资者从长期主义来看问题，而不要只纠结于短期股票价格的高低。大家要记住芒格曾经对巴菲特说过的改变了巴菲特一生的一句话，这句话甚至让巴菲特在回忆的时候说过“自从遇到了芒格，我才真正从猿变成了人”。这句话是什么呢？就是宁愿以贵的价格买入一个伟大的公司，也不要以一个便宜的价格买入一家平庸的公司。

这些年，我写了近百篇关于巴菲特价值投资的文章，得到了广大投资者的认可，改变了很多人的投资理念，有幸被媒体称为“中国小巴菲特”。做好投资者教育、改变散户投资者亏钱的命运是我一直以来的重要使命，今后我还会矢志不移地推广价值投资理念，为A股市场和A股投资者逐步走向成熟贡献绵薄之力。

依靠广大媒体朋友、各位投资者和各级领导的大力支持，我获得了众多荣誉。2012年，我获评中国财经风云榜年度最佳公募基金经理；2016年，我获评金融界年度金融风云人物；2017年9月，我获评中国基金业协会和今日头条联合颁发的“基民领袖”；2017年10月，作为新浪财经“最牛人气理财师”，我荣登美国纽约时报广场纳斯达克大屏。2018年，获评年度影响力金融家、年度影响力首席经济学家、财经头条年度最佳作者等；获得2019年度最受欢迎和最具影响力基金经理双料冠军；2020年10月，我被聘为深圳市先行示范区高级顾问和专家。同时，从2010年起，我一直担任清华大学经济管理学院金融硕士研究生的行业导师，希望能为中国金融行业培养出更多优秀的金融人才。

从业十几年来，我一直活跃在经济分析和投资研究第一线，

2018年，我有幸受聘为中国证券业协会首席经济学家委员会委员，第一时间反映投资者心声，建言献策。

为了更好地学习最新金融理论和知识，2018年9月，我有幸进入清华大学五道口金融学院，开始全球金融GFD持续三年的应用经济学博士课程学习，和百名企业家一起，师从国际、国内顶尖的金融专家，争取能够“百尺竿头，更进一步”。

从2019年开始的十年，A股市场的表现将超过很多人的预期，将是股市的“黄金十年”。

我一直明确看好消费白马股和新能源龙头股，提出消费白马股是值得拿来养老的品种，新能源替代传统能源是大势所趋，看好光伏和新能源汽车产业链。我把白酒、医药和食品饮料称为消费“三剑客”，同时看好免税店、医美、电商等新消费行业。2021年A股进入“黄金十年”第三年，延续慢牛长牛行情。“山的那一边其实还是山”，我继续看好白龙马股未来的表现。

本书将结合实战案例，为投资者抽丝剥茧、条分缕析我的投资方法。本书主题内容是我在喜马拉雅上线的价值投资实战课的精彩内容。结合我在公募基金行业十几年的投资和研究的经验，希望为大家提供一场价值投资思想盛宴。

我2019年出版的第一本书《跟杨德龙学投资——如何穿越牛熊周期》受到了广大投资者的认同和欢迎，很多人期待我的第二本书早日出炉，我也一直希望能早日付梓，以飨读者。2020年突发的疫情打乱了新书出版节奏，现在终于在各方努力下，此书顺利出版发行，再次感谢各位粉丝、同仁、亲友的大力支持！希望这本书能够给大家传授最新的、最实用的投资研究方法。古人云，“授人以鱼，不如授人以渔”，“师者，所以传道授业解惑也”。最后，还是那句我重复说了很多遍的话，坚持价值投资，做好公司股东，或者买入优质基金，抓住 A 股“黄金十年”的机会。

自　序

如何不错过A股的黄金十年？

因为工作的关系，我跟很多普通投资人进行过面对面交流，大家问我最多的问题就是，怎么做才能在A股市场不再长期亏损、真正赚到钱？大家都非常渴望能找到在A股取得投资胜利的法宝。

股市的投资方法有很多，不过我认为，最适合A股投资人的，还是价值投资。

2006年我从北大金融系毕业之后，就进入了当时最大的公募基金之一——南方基金做行业研究员，2009年开始做策略分析师、基金经理。现在我除了做首席经济学家，负责宏观策略分析之外，还管理着两只公募基金，一直致力于将投资理论和投资实践相结合。我在这个行业这么多年，无论是我自己操盘基金，还是我了解的机构和个人，最后能在市场中跑赢大多数的，**往往靠的不是听消息炒短线，而是老老实实研究公司和行业，从价值中获益。**

对于价值投资，大家并不陌生，**那为什么大多数人了解却还是赚不到钱呢？**

有人认为这是市场的问题，觉得A股不适合价值投资。但从实际表现来看，中国上市公司的整体增长水平，绝对是优于社会企业平均增长水平的；像格力、万科、招行、伊利等龙头企业的股票，更是让长期持有的投资人获得了几十倍甚至上百倍的回报。

问题的关键是，你真的了解价值投资、真的知道怎样通过价值投资抓住 A 股市场的这些机会吗？

比如，**长期持有不等于价值投资。对于价值投资的核心，我总结为三个要点：**

第一，你所持有的股票，其公司是有价值的优质公司，这是最核心的要点；

第二，你所买入的价格是便宜的，至少是不贵的；

第三，当企业的基本面发生变化之后，你要调整对这个公司的价值判断，也就是说，即使好公司的股票，如果泡沫太大，也不能持有。

只看上面三个要点，可能有人会觉得，价值投资似乎不难，只要找到好公司就成功了。那好公司的标准是什么？股价一直涨的就是好公司吗？

举个例子，就像乐视网，上市不到 5 年，市值涨了 34 倍，股价在最高时涨到接近 180 元，绝对是大牛股。但其实早有业内人士根据公开的财务数据，对它的盈利能力和财务状况提出了质疑。可在当时，乐视网是股民们眼中绝对的好公司，还有不少人趁股价下跌时买入，觉得自己捡了便宜。后来结果怎么样呢？乐视网业绩爆雷，股价暴跌，追涨的投资者亏了大钱。

所以，**要做好价值投资不是件容易的事**。掌握价值投资除了能让你在股市中获益，还能潜移默化地帮你塑造一种思维方式，让你对事情更有判断力和思考力，而不是别人说什么好你就相信。

那选对了好公司一定能赚钱吗？这里要提醒大家注意的是，

在中国股市做价值投资还有一个特殊性，就是你得学会踩准节奏。否则就会一步错而步步错，再好的公司，选在了错误的时机买入，也有可能亏钱。

最典型的就是很多人在牛市时追涨，结果被套牢。而我所在的前海开源基金因为一直坚持价值投资的理念，除了投资行业龙头外，还很擅长把握投资时机和仓位管理。

2015 年“中小创”股票疯涨的时候，大家都很亢奋，甚至很多人反过来给我推荐股票。但当时我们发现，很多基金一天就能卖一百亿，这是市场见顶的信号之一。所以前海开源把仓位降到了接近空仓，我也提醒客户要注意降杠杆、及时兑现利润、取出本金。**当时确实有很多人听了我的建议，最后躲过了 3 轮股灾。**

我们之所以能多次成功地把握市场走势，是因为我们有一套独特的研究方法，有一些机构使用的研究技巧，在本书中我都会一一介绍给你。

近些年来，我一直提倡大家要做价值投资、买白龙马股，过去几年白马、龙头股的表现也充分证明了价值投资能在 A 股帮投资人赚到钱。2020 年之前的四年，我每年都会去美国参加巴菲特股东大会，然后把所见所闻及时跟大家分享。但是我感觉，很多投资人对价值投资还是一知半解，甚至宁愿花几千上万元钱去听所谓的“专家”推荐股票。

所以，我觉得应该把自己这十几年的投资经验，以及价值投资在 A 股应用的理解和思路，系统地梳理出来讲给更多人。这也是我出版这本书的原因。

当然，这本书要想讲好价值投资并不容易。市面上关于价值投资的书籍非常多，很多人会从格雷厄姆或者巴菲特的生平开始讲起，然后将价值投资的理论一个一个地展开，但在本书中，我希望能结合自己在公募基金十几年的投资和研究的经验，从理论、实践、案例等多个角度详细阐述什么是真正的价值投资，怎么做才算做到价值投资。

本书分为八个部分。首先我们要端正观念，重新认识价值投资。我主要给你讲清三个问题：为什么说中国已经迎来价值投资的黄金十年、我们怎么做好价值投资的准备、如何判断市场的大趋势。在此基础上，我设计了五个具有实操性的模块，也是本书的核心：正确对待股价的波动、看清市场的顶部和底部；也提供很多实用的方法，比如一个简单的“巴菲特指标”，可以帮你轻松判断当下的股市价格是高还是低；同时用丰富的案例，教你利用价值投资的理念，在A股市场选到好行业、好公司；教你科学高效地看懂企业的基本面，读懂企业的年报，学会看企业的财务报告；还有具体的交易策略和风险控制技巧，帮你实现从“赚过”到“赚到”，获得好的回报。

我希望通过本书，能够给大家传授最新鲜、最生动的价值投资方法。比给大家推荐几只股票，教大家如何选择股票、如何做好价值投资更有价值。

从2019年开始的十年，我认为最大的投资机会在股市，A股市场将迎来“黄金十年”。“选中好行业，买对好公司，获取好回报。”学会真正的价值投资，能够助你抓住投资机会，成就财富梦想。

目 录

正确认识价值投资

正确面对股价波动

发现有长期价值的好行业

找到能穿越牛熊的好公司

公司财报分析和有效估值

中国式价值投资的交易技巧

价值投资如何避开陷阱

中国价值投资的机遇和挑战

第 1 节
中国进入价值投资的黄金十年

我经常被问到一个问题：未来到底投资什么能赚钱？提出这个问题说明大家都明白一个道理，投资是要面向未来的。

假如我反问你一个问题：如果回到十几年前，投资什么最赚钱？

我相信，99% 的人答案都是一致的：如果回到十几年前，当然投资房子最赚钱啊！

这说明什么呢？说明趋势把握的重要性，十几年前投资了房子，尤其是在北上广深这样的一线城市，资产基本可以翻上几倍甚至十几倍。

那为什么大家现在都问将来要投资什么呢？这说明大部分人清楚地知道，房子的黄金时代已经过去了。经过十几年的快速发展，房价的上涨幅度已经超出了绝大多数人的承受能力，而“房住不炒”作为一项国家政策，将会长期存在。

而根据预计，2025 年我国居民的可投资资产规模有望达到 280 万亿元。这么巨量的居民财富将投向哪里呢？我认为最大的可能性就是投向股市。原因有以下两点：

1. 中国居民几乎70%的资产在房地产上，配置到股票和基金的资金占比不到20%，这是非常不健康的结构。美国民众60%的资产是在股市和基金上，只有30%的资产在房地产上。从发展阶段来看，我国居民的投资比例会逐步优化。

2. 房地产市场和A股市场的“跷跷板效应”非常强，这在过去的20年中不断得到验证，两大市场此消彼长。现在房地产市场的投资机会在减少，这就意味着A股的投资机会在增加。

从2019年年初，我就提出中国股市将迎来黄金十年，而这个黄金十年，也是价值投资的黄金十年。那么背后的逻辑是什么呢?

一、A股市场从2019年将迎来黄金十年

我们可以从经济面、政策面和市场面三个角度，来看A股市场为什么从2019年将迎来黄金十年。

（一）经济面

未来，我国经济将从高速增长期进入中速高质量增长期，产业结构的转型和升级会成为未来的主要特点。根据海外市场的经验，一般在经济高速增长的时候，资本市场不一定有特别好的表现；而在经济进入中速高质量增长阶段时，各个行业逐步形成寡头垄断的格局，前几名的公司往往占据整个行业70%以上的收入和利润。因此，这些行业龙头会成为盈利不断增长的公司，将可能成为股市的长牛股。

比如，2019年往前的十年，美国经济增速整体只有2%，但是美国的科技股利润不断上升，前五大科技龙头股涨幅达到10倍左右，带动了整个美股长达十年的牛市。

（二）政策面

2019 年以来，政府已经采取多项措施，来引导长线资金入场，以保证市场稳定。银保监会正在研究将险资投资权益类资产的比例上限在 30% 的基础上进一步提升，若能提升 10 个百分点，将给资本市场带来上万亿元的资金体量。财政部在 2019 年也采取了大幅的减税降费措施，减费规模高达 2 万亿人民币，大大减轻了企业的负担。在信贷方面，加大了对民营企业的信贷支持。可以说，2019 年出台的政策利好密度空前。

我国的经济增长，不能只看 GDP 的增速，还要看增长结构。在政策支持下，我国经济逐步产生了新经济。

（三）市场面

A 股市场基本上每 7 年有一次牛熊转换，从 1991 年到 2019 年刚好 28 年的时间，2019 年可以说是又一个新 7 年的开始。从年初以来，市场经历了先扬后抑的波折，但这一轮慢牛、长牛的行情趋势在逐步形成。

在 2019 年 10 月市场最低迷的时候，我所在的前海开源基金率先提出“棋局明朗、全面加仓”，当时我们直接把基金仓位提升到接近满仓，重点配置了以券商、农业、黄金、消费、军工为代表的板块。我们之所以敢于在市场低点的时候加仓，是因为我们确信 A 股的趋势已经发生了反转，2019 年将是 A 股黄金十年的起点。

二、A 股的黄金十年将是价值投资的黄金十年

（一）白龙马股得到市场认可

经过近 30 多年的发展，A 股市场逐渐规范，业绩能够实现长

期增长的公司，给投资者带来了巨大的回报，例如万科。

万科上市至2019年估值增长了近300倍，中国第一散户刘元生从万科股票上市就买入并持有，身家已经达到数十亿元。贵州茅台、格力电器等股票上涨幅度也都超过100倍。这些白龙马股的投资价值越来越得到市场的认可。

白龙马股即“白马”+行业龙头，行业龙头非常好理解，那什么是白马股？白马股是与“黑马股”相对的一个概念，黑马股具有信息还没有完全披露、业绩和题材有一定的隐蔽性等特点，因此黑马股非常难以挖掘。而所谓的白马股，就是指那些长期业绩表现优异、回报率高的股票，相关信息已经公开、业绩较为明朗，同时兼有高成长、低风险的特点，因此具备较高的投资价值。

（二）机构投资占比增加

随着险资入市、养老金入市等，机构资金在A股的占比势必不断增加。根据统计，在2014年—2017年，散户投资者在A股的占比已经从72%下降到50%左右，而机构资金的占比则不断上升，这个趋势未来会更加明显。

随着机构投资占比的增加，A股市场将进入机构投资者时代。机构喜欢研究公司的基本面、崇尚价值投资，这样基本面好的股票长期才会有好的回报。这将改变以前那种被游资占据，炒消息、炒题材的市场风格，逐步转向价值投资。

（三）外资抢筹白龙马股

外资已经在抄底A股，并且抢筹优质公司的股权。近几年来，外资进入A股的资金量每年都在增加。2018年流入A股市场的资金量接近 3000 亿元，2019 年外资还在加速流入 A 股市场。外资大量流入的股票，并不是便宜的股票，而是那些看起来并不便宜的股票，但都是白龙马股，比如茅台、格力等。这些股票虽然估值已经比较高了，但是为什么外资还在抢筹呢？因为它们才是真正代表中国实力和未来的公司。

白马股和龙头股，不仅有优异的业绩支撑，而且有相当的估值溢价空间。它们本身就有很好的内在价值，市场将来会给它们更高的估值。因此，未来 A 股的黄金十年就是这些白马股和行业龙头的黄金十年。

所以，“黄金十年”并不代表所有的股票都会涨，那些绩差股、题材股与这轮牛市无关，甚至会直接退市。过去的炒题材、炒短线等方法将逐渐失去用武之地，现在投资者必须系统学习和了解价值投资的思维方法并落实执行，这样才能真正抓住黄金十年的机会。

本节回顾

“我认为从 2019 年开始中国将迎来价值投资的黄金十年，这主要是因为这十年中国经济将从高速增长期转入中速高质量增长期，而当前政策面对市场的支持力度也很大，股市已经被提为国家核心竞争力的重要组成部分。建议大家积极布局能代表中国经济未来的优质白马股以及龙头股，共享中国经济增长所带来的成果。”

第 2 节
我们能在巴菲特身上学到什么

说到价值投资，就不得不提股神巴菲特，因为他是公认的全球范围内价值投资的最成功实践者。作为普通投资者，我们能够从巴菲特身上学到什么？或者说，巴菲特究竟是如何理解和实践价值投资的呢？

对于价值投资，巴菲特本人是从四个维度理解和实践的：

1. 内在价值；
2. 对市场的理解；
3. 安全边际；
4. 能力圈。

一、内在价值

我们投资股票，本质上是投资一家公司，用巴菲特的话说，叫作“投资一门生意”。一家好公司应该是一门好生意，会不断创造价值，而股票的价值会随着公司价值的增长而增长。巴菲特做投资，首先看好这是一门好生意，然后买入股票做这家企业的股东。

假设股市要闭市五年或十年，你是否愿意继续持有这家公司的股票？如果能够放心持有，说明你确实知道这家公司的内在价值并且相信它。我们经常听到巴菲特的一句名言，“如果一只股票你不打算持有十年以上的话，那么最好一分钟都不要持有。”

“投资企业而非股票”是巴菲特的投资理念。

巴菲特投资哲学的精要，在于投资企业的价值和前景，而不是股票买卖。他认为企业价值的关键在于它的竞争优势，主要从三个方面来判断：

第一，企业的业务是否长期稳定？是否能够长期保持？

由于巴菲特是长期投资，所以他非常重视企业是否具有良好的长期发展前景。

第二，企业的业务是否具有经济特许权？

所谓经济特许权，可以是专利、品牌，也可以是政府特许经营等。它是企业的核心资产，是企业持续取得超额利润的关键所在。

第三，企业是否具备成本优势？

成本优势也就是企业能否长期坚持以低成本运作，并且持有充足的现金。

巴菲特将企业的竞争优势比喻为保护企业经济城堡的护城河，强大的竞争优势如同宽阔的护城河，保护着企业的超额赢利能力。企业真正的护城河是很难被跨越的。

因此，巴菲特挑选企业的核心标准之一就是：持续稳定的盈利能力。

比如，巴菲特重仓的可口可乐股票，具有公司业务模式简单容易理解、足够长期的可持续稳定发展、低成本运作、强大的品牌等无形资产，又有足够宽的护城河，真的是一门好生意。因此，他通过长期持有可口可乐股票获得了巨额回报。

巴菲特挑选企业的标准很具体，但你在实际挑选企业的时候可能会觉得无从下手。那具体怎么挑选好企业呢？我会在后面的章节中详细介绍。

股票实际上是企业的所有权的象征。但另一方面，股票确实又是一个可以交换的证券，可以随时买卖，因为这个市场里永远都有人在叫价。我们说完巴菲特对企业内在价值的看法之后，再来讲一下他对市场的理解。

二、对市场的理解

我们经常说，股市是经济的晴雨表，其实在某种程度上，股市更是投资者情绪的晴雨表。巴菲特的老师格雷厄姆曾经说过："股票价格短期是投票机，长期是称重机。"短期来看，投资者的情绪不断地在贪婪骄傲、担心害怕、灰心丧气之间来回切换，导致股票价格在基本面没有发生变化的情况下大幅波动。而长期来看，公司的股价只和一个因素有关，那就是企业的业绩增长。

因此，严格来说，价值投资本身是不需要关注市场变化的。巴菲特说过："股票市场根本不在我所关心的范围之内。它的存在只不过是提供一个参考，看看是不是有人报出错误的买卖价格做傻事。”

从价值投资的角度来看，市场的存在只是为你服务的。它能够给你提供机会，让你购买股票；也会给你机会，在你很多年之后需要钱的时候，能够把它出让变成现金。或者说，股市就是一个可以利用的工具。

被我称为白龙马股总龙头的茅台，几年前在“打击三公消费”“塑化剂事件”等一系列不利因素的影响之下，股价一路下跌，2013 年年末股价甚至跌到了每股 118 元。但是这些事件并没有改变茅台的市场地位。

所以我们在面对市场的涨跌波动时，其实可以更加从容淡定，甚至很开心地去市场中寻找被错杀的好股票。

三、安全边际

巴菲特在谈到投资的秘籍时多次强调：第一，永远不要亏损；第二，永远记住第一条。可见，他认为投资中最重要的事就是不亏损。那么怎么做才能够不亏损呢？他给出的答案是，必须坚持“安全边际”的原则。

什么是安全边际？简单来说，就是股票的价格低于上市公司的内在价值。比如，一家公司股票的内在价值是 10 元，而当前的股价是 8 元，那么中间差的 2 元就是安全边际。

投资的本质是对未来进行预测，而预测得到的结果不可能百分之百准确，为了不受损失，我们在做投资决策的时候就必须预留很大的空间，也就是安全边际。

如果有足够的安全边际，即使预测是错误的，也不会损失太多。假如你的预测是正确的，你的回报就会比别人高得多。

我们举个例子来看一下巴菲特的安全边际有多大。2003 年 4 月，正值港股低迷的时候，巴菲特以每股 1.6～1.7 港元的价格大举买入中石油 H 股（000857），达到 23.4 亿股。4 年之后，巴菲特接连 7 次、以每股 13.47 港元的均价抛空他所持有的中石油股票，净赚 277 亿港元。4 年的时间，不包括每年的分红派息，巴菲特仅在中石油的账面盈利就超过了 7 倍，堪称股神的经典投资案例。

那么 2003 年巴菲特为什么要买中石油股票呢？原因很简单，因为它拥有巨大的安全边际。巴菲特在下决心买入中石油股票的时候，仔细阅读了中石油的年报，并且和老搭档查理・芒格一起进行了估算，得出的结论是中石油的内在价值应当在 1000 亿美元左右。而在当时，中石油的市值只有 370 亿美元左右，也就是说，此时买入中石油股票，是一笔不到四折的交易。

这里我提醒一下，企业的护城河也是要经常做评估的，一旦企业不满足条件就要卖出，就像巴菲特也没有一直拿着中石油股票一样。2007 年在中石油上市前夕，巴菲特清空了中石油的股票，狠狠地赚了一笔，而当时追涨买进的很多投资者被套到了现在。

四、能力圈

前面讲的三个概念，其实都是巴菲特的老师格雷厄姆提出的，巴菲特在继承这三个概念的基础上，经过五十年的实践又增加了一个新的概念：能力圈。就是在自己的能力范围内寻找最优质的投资标的。简单来说就是："不懂不投，不熟不买。"

那么，如何做到"不懂不投，不熟不买"呢？

如果我们看看巴菲特过去 40 多年的股票投资组合，会发现他成功的投资案例，包括可口可乐、吉利、《华盛顿邮报》等都是传统行业的百年老店，这些企业都具有一个明显的特征：基本面简单，容易了解，易于把握。他在操作中非常喜欢投资一些"能力圈"范围内的熟悉的公司。例如，他 6 岁时就卖过的可口可乐，13 岁开始做报童送了三年的《华盛顿邮报》。

而对于能力圈以外的公司，无论别人怎么看好，巴菲特都不理，哪怕错过再大的投资机会，也不会后悔，因为这是在他的能力圈以外不该赚的钱。

20 世纪 90 年代后期，网络高科技股进入大牛市，巴菲特却一股也不买，尽管这让他在 1999 年的业绩只有 0.5%，而当年美股大涨 21%。巴菲特却依然坚持能力圈原则，连一家高科技公司也没有投资。结果从 2000 年开始，美国股市网络股泡沫破裂，股市连跌三年，纳斯达克指数从最高 6000 点跌到 1000 点，很多追涨买入科技股的投资者亏损累累。而巴菲特在这三年内却盈利 10%，大幅跑赢市场。

我们投资时要确定自己的能力圈，一般来说，大家最熟悉的行业就是自己所从事的工作，你在这个领域的专业知识和人脉信息具有一定的优势，但是这不意味着你能成为一名优秀的投资者。否则汽车行业的人都是投资车企的高手，医生都是投资医药行业的成功者。从根本上说，对投资思维和基本规律的理解掌握是基础，在此之上再确定自己的能力圈边界，才能将你的优势发挥出来。后面的章节，我会帮你夯实基础，明确能力圈的边界。

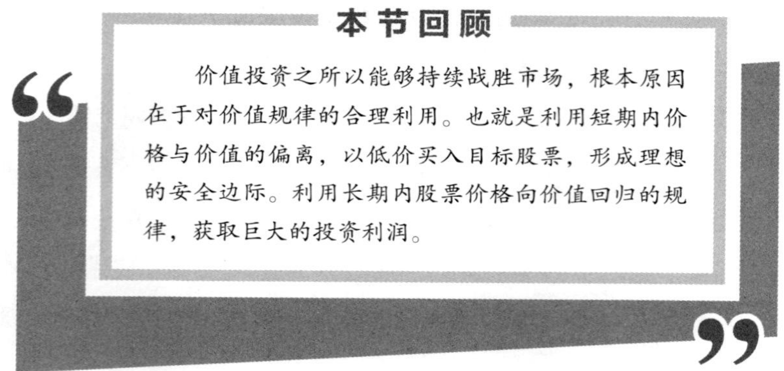

本节回顾

价值投资之所以能够持续战胜市场，根本原因在于对价值规律的合理利用。也就是利用短期内价格与价值的偏离，以低价买入目标股票，形成理想的安全边际。利用长期内股票价格向价值回归的规律，获取巨大的投资利润。

第3节 不懂宏观经济就别谈价值投资

你只要稍微懂点投资，就可能注意到一个问题，不管是巴菲特强调的“护城河”，还是格雷厄姆追求的“安全边际”，这些投资大师几乎没有提过对宏观经济的研究。

确实，传统的价值投资者普遍相信价值投资无须关注宏观经济，投资仅仅与所投企业本身的质量有关，侧重于如何自下而上地挑选好公司。这种投资观念的养成主要源于两点：一是经济乐观主义，相信经济的长期增长趋势；二是坚持认为经济周期预测的不可实现性，既然明天的经济谁也不能准确地预测，那么就干脆不去预测。

但在投资实践中我们看到，宏观经济往往具有周期性，在向下的经济环境中，整体市场走弱，即使好公司也很难抵挡宏观大势的波动。比如，2008 年、2015 年下半年 A 股市场，2020 年美股市场都遭遇了比较大的系统性风险，如果不能及时认清风险、控制仓位，即使手握优质股票也会产生巨大亏损。

在 A 股市场即使做价值投资，从投资效率的角度来看，也不能忽视宏观经济和货币政策的影响。对个股的精选、估值固然很重要，对宏观经济周期的把握也很重要，因为经济周期是客观存在的。优秀企业是会不断成长的，但是受大的市场环境影响，估值也会有很大的波动。

因此，在 A 股做价值投资，第一步应该是看懂宏观经济。

当然，我提倡研究宏观经济，不是要你成天关注利好利空的消息，或是无穷无尽的新闻。对宏观经济一定要有长期的趋势性判断，比如我国的消费将会长期持续地旺盛，而对周期性行业更要关注行业的拐点。

那么研究宏观经济主要看哪些指标呢？对于普通投资者，我建议重点关注这几个指标：经济增长指标、货币指标和进出口指标，并了解它们背后代表的判断逻辑。

一、经济增长指标

反映经济增长的指标有很多，最受关注的无疑是国内生产总值（GDP），其次是工业增加值、发电量等。根据这些指标可以看到经济增长的速度，但也不能简单地进行数字上的类比。

比如，中国的 GDP 增速前几年都达到了 6.5% 左右，前面 30 年更是超过 8%，而美国的 GDP 增长可能只有 2% 左右。虽然从 GDP 增速来看，我国比美国要好，但是我国企业的盈利状况和美国还有差距，这是为什么呢？因为 GDP 是一个收入的概念而不是利润的概念。建一座桥、修一条路，GDP 就增长了，但是并不一定产生效益。可以说在过去 40 年改革开放中，我国 GDP 的大幅增长，很大一部分是钢铁、水泥推起来的，是投资拉动的一种增长模式。而出口方面，我们主要是做代工，产品的利润率非常低。相比之下，美国的企业很多是跨国公司，生产制造基本上放在海外，销售也放在海外，他们只做设计研发，所以他们的毛利率非常高，虽然美国的 GDP 增长只有一两个百分点，但是利润非常丰厚，美国经济增长的效益比我们高得多。

举个例子来说，苹果手机生产、组装都是在中国，一部手机的成本大概是 900 元，富士康公司组装好之后，以 1000 元的价格卖给苹果公司，相当于赚了 100 元的加工费。而苹果公司反过来卖给中国消费者，价格是每部手机六七千元。所以生产一部苹果手机，看似我们产生了很大的 GDP，但是赚取的利润非常低，只是赚了一点辛苦费，而苹果公司则赚走了大部分的利润。

过去中国的经济结构以重工业为主，所以 GDP 的利润率比较低，2019 年我国 GDP 从 8% 以上降到 6.5% 左右，虽然好像下降得不多，但是很多传统企业已经感受到了巨大的压力，出现了大量亏损，甚至有些企业已经破产。正因为我们的产品利润率很低，一旦收入下降一两个百分点，就很可能把整个利润都吃掉。

除了 GDP 这个数据指标之外，每个月 9 号左右，国家统计局会公布上个月的工业增加值，而相对于工业增加值来说，发电量是一个更加客观的指标。因为工业增加值是人为统计的，可能存在误差，发电量则是客观的数据，所以发电量能更好地反映工业企业的生产状况，包括铁路运输量等也能很好地反映工业企业的生产状况。

以上数据指标都很重要，但也存在一个问题，就是它们的统计、发布都有滞后性，那么我们能不能找到一个指标来预测未来的经济增长呢？那就是——PMI，即采购经理人指数，它能够提前反映经济变化。因为各个企业负责采购的经理会对未来的生产经营进行预测，然后制订采购计划，这能反映未来两三个月企业的订单情况。可见 PMI 是一个提前的指标，可以让我们预判企业未来两到三个月的经济运行状况。

值得注意的是，PMI 是一个环比数据，也就是和上个月相比。如果 PMI 高于 50，表示这个月比上个月的采购量有所提升，经济处于扩张期；如果 PMI 低于 50，表示这个月比上个月的采购量有所减少，经济处于收缩期。

二、货币指标

除上面说的反映经济增长的数据外，我们分析宏观经济还需要关注货币数据，最常用的就是 M1 和 M2。先简单解释一下，M0 是指经济中的现金量，M1 是 M0 加上活期存款，M2 是 M1 加上定期存款。

M2 是应用最广泛的指标，也是我们在新闻中经常听到的一个名词。那么 M2 为多少是合理的？这里有个参考指标，就是 M2 和 GDP 的比值，M2 代表央行发行的货币量，GDP 代表经济需要的货币量。当 M2 和 GDP 的比值是 1 的时候，表明经济需要的货币量刚好被满足，这是一个比较正常的货币发行量；如果该比值小于 1，可能会导致通货紧缩；如果该比值大于 1，则说明货币有超发的嫌疑。

美国、日本等发达国家的 M2 与 GDP 的比值基本控制在 1 左右。2018 年，我国的 M2 约为 180 万亿元，GDP 约为 90 万亿元，也就是说 M2 与 GDP 的比值大约是 2，这说明我国的货币存在超发现象。

货币超发可能引起通货膨胀，过去十年，中国的物价出现了较大幅度的上涨，特别是房价的上涨幅度很大，上海、北京、深圳这些一线城市的楼价 10 年时间上涨了 5 到 10 倍，虽然楼价上涨是多种因素造成的，但是货币超发肯定是一个重要原因。

M1 的走势与股市走势非常相关，有人把 M1 称作万能的 M1。当 M1 上升时，代表资金趋向活期化，流动性较好，对股市利好，一般是上涨行情；反之，当 M1 下降的时候，股市往往是下跌行情。

三、进出口指标

在分析宏观经济的时候，除了经济增长、货币这两类数据，还有进出口指标，进出口增长的快慢反映了中国产品的竞争力以及海外经济的复苏情况。2001 年，中国加入 WTO 之后，出口迅猛增长，出口增速一度达到 40% 以上，对 GDP 的贡献也超过了 40%。近几年由于中国低端产品出口达到饱和，全球经济出现增速下降，以及美国对我国出口的压制，贸易摩擦的存在，导致我国出口出现了严重下滑，甚至出现负增长，现在进出口对 GDP 的贡献在逐年下降。因此，转向内需、提升消费增速是经济增长的一个重要方法。所以从外需转向内需、提振消费增速是当务之急。从 2018 年开始，消费已经超过了投资和出口，成为推动我国经济增长的最重要的引擎。而这个趋势将会长期持续，这也是我一直对消费股长期看好的原因。

股市不仅是经济的晴雨表，反过来也会影响经济的发展。繁荣的股市将会有力地促进经济发展和结构转型。股市繁荣了，投资者的收益提高，消费信心会大幅提升，从而带动消费，而上市公司也可以通过直接融资来扩大再生产。

现在已经推出了科创板，这将有力地推动我国科技创新企业的发展。过去 20 年，A 股错失了以 BAT 为代表的科技龙头，设立科创板就是让我们不要再错过下一个阿里、下一个腾讯，让国内投资者更好地分享经济转型的成果。

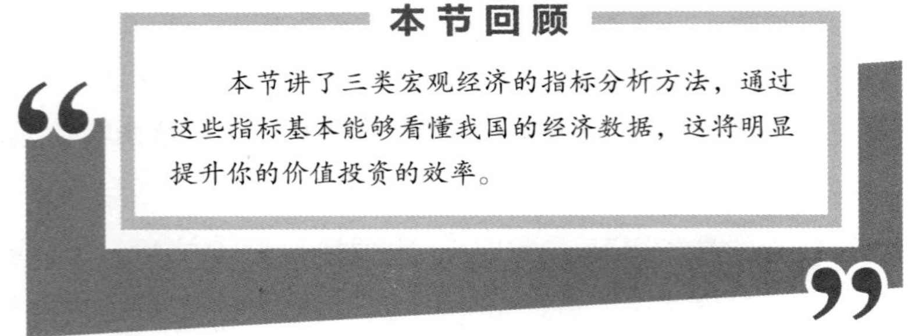

第4节 如何判断市场的顶部和底部

对于价值投资来说，市场是股票投资的风向标。长期来说，股价只与公司的内在价值相关，但短期来说，无论公司多么优秀，股价都会受到市场波动的影响。因此，市场波动就为价值投资者提供了低价买入和高价卖出的机会。所以，我们就有必要学会判断市场的顶部和底部，以便及时抓住机会。

在过去几年当中，我所在的前海开源基金曾 4 次成功抄底和逃顶。很多投资者想知道我们能够精准把握市场趋势的原因，甚至有投资者说："是不是前海开源基金会算命？"

当然，我们不会什么算命，但是我们总结了一些指标来判断市场的顶部和底部。为了方便大家的分析，**我把这些指标简单归纳为 3 个：基金销量、市场成交量、价格。**

一、基金销量

第一个指标是基金销量，特别是新基金的发行量。因为新基金的发行量代表了投资者的入场意愿，在牛市时，投资者的入场意愿非常强烈，很多基金一天就能卖 100 亿甚至几百亿元，这就是市场见顶的信号，这种情况在 2007 年的股市 6000 点和 2015 的 5000 点都出现过。

反过来，在市场低迷时，投资者往往不愿意买基金，很多基金出现发行失败的现象，这时候往往就是市场的低点。例如，股市历史上几个著名的历史大底，998 点、1664 点以及 1849 点，还有 2016 年的 1638 点。

基金的销量是很容易被观察的，每只新基金发行都会进行公告。我的经验证明，这个指标是非常灵敏的，几乎屡试不爽。因为中国基金持有人中 90% 是散户投资者，基金的销量其实代表了散户投资者的入场意愿。2007 年，最多的一次是有一只基金一天卖了 900 亿元，接着市场就到了 6000 点的高位，一直到今天也没有回到那个点位。所以这个指标我们一定要重视。

二、市场成交量

第二个指标是市场成交量，也就是 A 股的成交量。A 股的成交量表示的是场内资金交易的意愿。在牛市时，炒股票有强大的赚钱效应，大家炒股的意愿都非常强烈，市场的换手率极高。

在 2015 年牛市时，市场每天的成交量超过 2 万亿元，这个成交量超过了美国市场一天的最大成交量，也刷新了人类股市的历史成交量纪录。而当时 A 股的市值只有 50 多万亿元，也就是说，当时每天的换手率达到了惊人的 5%。这就表示市场已经到了极度疯狂的状态，其实这已经是最好的离场时机。

而在市场低点时，投资者的交投意愿跌到了低点，甚至有的投资者把账户注销，发誓以后再也不碰股票。市场的成交量萎缩到高点时的 20% 以内。相当于 5000 点的高点，2 万亿元的成交量，20% 就是 4000 亿元，也就是说，当成交量萎缩到 4000 多亿元时就是“地量”。所谓“地量见地价”，这就是市场见底的一个信号。

三、价格指标

第三个指标是价格指标，也就是沪深 300 的市盈率。我为什么选沪深 300 的指数来看它的市盈率呢？因为沪深 300 的成分股主要是优质蓝筹股，而蓝筹股比较稳定，它的估值是有意义的。

从过去来看，沪深 300 的市盈率的波动区间是在 9 倍到 45 倍，平均值是 18 倍左右。虽然沪深 300 在高点的时候，市盈率有很大的弹性，且每次都不一样。但在历史的低点，每次都跌破 10 倍，大概是 9 倍。

沪深 300 的市盈率跌破 10 倍，是什么概念呢？这时候买入沪深 300ETF，相当于每年现金分红可以达到 3%，同时送你一个看涨期权，这时有套利的机会，这时候买入，其实风险非常小。我们过去 6 年 3 次抄底的时候，沪深 300 都已经跌破了 10 倍。

A 股市场只有 30 年的历史，还不太成熟，因此市场波动比较大。而且散户投资者的占比比较高，市场的羊群效应很明显，牛市的时候非常牛，熊市的时候非常熊。所以在 A 股做投资还是要踩准节奏，往往走对一步就能步步走对，走错一步就会步步走错。

很多人在2015年牛市时赚了不少钱，甚至很多人自称为股神，特别是那些加杠杆的投资者，在牛市的时候赚得盆满钵满。但是到股灾时，很多人没有逃掉。有的人躲过了第一轮但没有躲过第二轮，躲过了第二轮但没有躲过第三轮。股市有一句话叫"新股民站在高点上，老股民死在抄底的路上"，很多投资者对此深有体会。

在市场趋势发生了变化之后，我们要果断地顺势而为，而不能跟趋势作对。判断顶部和底部的方法，实际上是判断市场的拐点。往往在市场的拐点的时候，多数人的判断是错误的，只有少数人判断正确。也就是说，市场拐点的时间，往往掌握在少数人手里。

但是在市场趋势的过程中，大家顺势而为即可，除非看到了拐点的信号。

例如，在2014年年初，当时前海开源基金联席董事长王宏远先生提出，A股将迎来特大牛市。果不其然，2014年7月，A股市场就开启了一场特大牛市。在这个牛市过程中，我们一直持有券商、军工等高弹性的板块，获得了巨大的回报。

直到2015年5月21日，我们看到A股市场泡沫非常大。当时创业板的市盈率超过了120倍，当一个泡沫产生的时候，可能会吹得更大，你无法判断哪一天泡沫会破裂。这时候需要一根针把泡沫扎破，而这根针就是清查场外配资。

2015年5月，正是清查场外配资的时候，我们判断，市场已经快见顶了，所以当时果断地进行了清仓，前海开源基金也一战成名。

在市场发生股灾之后，我们一直是空仓应对，而没有抢反弹。这是为什么呢？因为在熊市的过程中，市场已经形成了下行的趋势，一轮股灾是不能充分地把利空反映完的，可能会有第二轮、第三轮的股灾。一直跌到 2016 年的春节前后，A 股市场无论从估值还是从市场人气来看，都已经明确有了见底信号，这时候我们才果断地进行了加仓。

上面给大家介绍的这三个指标，对 A 股市场来说是非常有效的。大家可以回顾一下 A 股市场这 20 多年的牛熊转换，几乎可以用这三个指标来看。

本节回顾

对 A 股市场波动趋势的把握是在 A 股取得成功投资的关键要素。我结合 A 股市场参与者的交易特点，以及历史的经验，将判断市场顶部和底部的指标总结为三个，即基金销量、市场成交量以及价格。而这三个指标都是比较容易获得的指标，只要你对这三个指标进行密切跟踪，一旦发现市场到了拐点，也许你就能成功地实现逃顶和抄底，跑在别人的前面，做到心中有数。这对提高我们的投资业绩大有裨益。

第 5 节
股票投资的本质：获益是单纯依靠股价的上涨吗

前面讲了一些价值投资观念方面的问题，接下来我们逐渐进入更实际的层面。在这之前，我想明确一下股票投资的本质：投资股票究竟靠什么获益，是单纯依靠股价的上涨吗？

很多人投资股票，追求的是“低买高卖”，也就是以较低的价格买入，等股价上涨了，再以较高的价格卖出，从中赚取差价。这本质上是一种择时的方法。

那么，这种通过择时赚价差的投资收益怎样呢？

有人以美股为例做过研究。在 1965 年到 1995 年的 30 年间，假设运气极好，每年都能抓住当年的最低点，并在最低点时买入 1 万美元标普 500 指数基金，那么坚持做 30 年的年均复合回报率是 11.7%。

相反，那些运气极差的人，连续 30 年都在当年的最高点时买入，他们的年均复合回报率是 10.6%。还有一些人不去择时，就在每年的第一天入市，这么做的年均复合回报率是 11%。

由此可见，对于那些每天都想着低买高卖的人，从长期来看，价差带来的回报微乎其微。

我们再来看，巴菲特坚持选择好公司进行价值投资，从来不择时，甚至不关注市场变化，取得的长期收益是年均复合回报率超过 20%。

我在前面讲过，真正的价值投资，本质上是投资一家好公司。既然是好公司、好生意，它就会不断创造价值，那我们持有的股票价值就会随着公司价值的增长而增长。投资成为公司的股东，是为了分享公司成长和发展的红利，而不仅是买卖股票获得差价。

巴菲特投资可口可乐几十年，从未卖出，也不在意股价的变动，但从可口可乐公司获取的分红却给他带来了上百亿美元的收益。这才是价值投资的真谛。

下面，我们从几个角度进一步分析股票投资的本质。

一、股票投资的底层逻辑是相信经济的长期向上趋势

从世界近现代史来看，人类社会的经济发展始终是在进步的。即使出现了局部的倒退，也是十分短暂的。

比如第一次世界大战，虽然给人类带来了巨大灾难，但在客观上促进了科学技术的发展，各种新式武器如飞机、坦克、远程炮等就是在那个时候发明的。而第二次世界大战是人类历史上迄今为止规模最大的战争，但它不仅推动了航天技术、原子能技术的发展，甚至形成了新的世界格局。

每一次政治经济的崩溃，都是新的起点，参加了两次世界大战的德国，战后几乎陷入绝境，但经过几十年的发展，德国的工

业又走在了世界的前列。而美国在“二战”后不断崛起，成为新的世界霸主。

在相当大程度上，股票市场反映的也正是经济社会的发展进程。美国股票市场自 1811 年诞生，经历了 200 多年的发展。历经两次世界大战，以及越南战争、海湾战争，经历过大崩盘、互联网泡沫破灭、“9·11”事件、2008 年金融危机等多次灾难性打击，但股市依然随着时间的推移不断上涨。下图是百年来美股的走势图，大家可以直观地看到，当初的这些灾难，在如今来看只不过是美股向上增长趋势中的小波折。

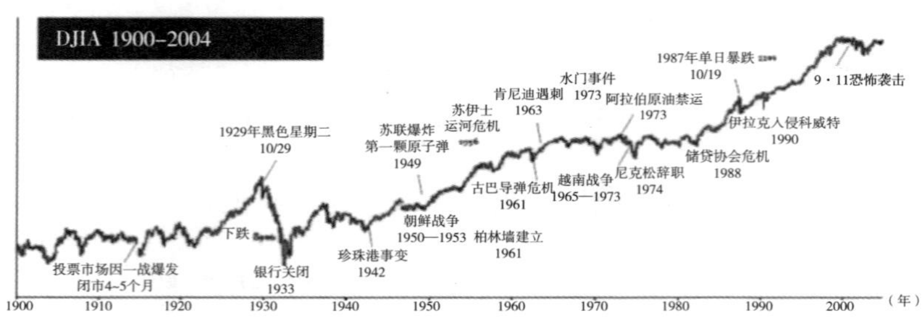

2019 年，就在很多人认为美股已经到顶的时候（在 2019 年年初我也是这样判断的），纳斯达克指数却又创出了新高。

股市中有句话，叫作“悲观者睿智，乐观者盈利”。

经济长期向上的趋势，决定了股市无论经历怎样的灾难和黑天鹅事件，最终还是会与经济发展的趋势保持一致，长期向上发展的。

二、市场是股票投资的工具

投资大师彼得·林奇曾经说过："在股市上，时间对你有利。在股市下跌的时候，如果你有钱，又不担心下跌，你就可以加仓。你不应该担心一时的下跌，而应该担心的是 10 年、20 年之后股票会怎么样。"

下跌之后最重要的是，它还会不会涨回来，这就不能单纯看短期股价了，而要看你长期投资的这个公司、这个行业，乃至整个国家。**就像巴菲特把自己的成功归因于搭上了美国经济发展的顺风车。**

价值投资之所以能够持续战胜市场，根本原因是对于价值规律的合理利用。价值投资者利用短期内价格与价值的偏离，以低价买入目标股票，形成理想的安全边际。利用长期内价格向价值的回归，获取巨大的投资利润。

格雷厄姆将**价值投资成功的根本原因归于股票价格波动形成的投资机会：**"从根本上讲，价格波动对真正的投资者只有一个重要的意义：当价格大幅下跌后，提供给投资者低价买入的机会；当价格大幅上涨后，提供给投资者高价卖出的机会。"

从这个角度来说，**市场或者股价的过度下跌也是股票投资获益的来源。**

三、股票投资的本质还是公司

长期来看，公司利润和股市回报之间的相关性非常高，本质是均值回归，股价长期就是要回归到企业的内在价值，这也是价值投资的核心逻辑。

所谓内在价值，也就是巴菲特挑选企业的核心标准之一：**持续稳定的赢利能力。**

美国股市在1966到1982年间持续盘整，靠价差基本赚不到什么钱。但由于公司持续盈利，投资者照样可以获得股息，所以投资回报率依然是正值。

回到A股市场，我们来看一下格力电器的案例。

格力电器十年前的股价大概是每股20元，按照2020年年末68元的股价来计算，投资的收益率大概是在240%。

但实际上你能获得的收益要比这多得多：格力电器在这10年的时间里，有两次送股记录，2009年10股送5股，2015年10股送10股，经过这两次送股，复合收益率约达到2000%。

此外，10年期间，格力电器分红派息累计达9次之多，粗算一下，10万元持股累计分红高达16万元。加上这些分红送股之后，投资回报率远远高于股价上涨的回报率。

格力电器的案例，有力佐证了价值投资的威力，也再次证明了价值投资在中国的适用性。**无论在美国还是中国，价值投资就是要找到像格力这样的好公司，并长期持有。**

我们要想与好公司一起成长，就应做到以下两点：

一是要认真做研究，买入值得长期拥有的公司。你很少听到有人买房子亏钱，是因为人们在买房子的时候会认真考察周边的学校、商业设施等。但是买股票的时候，很多人打听个消息就买入，股价一跌就卖出，完全不看企业的基本面，也不看公司的长期走势，这样的投资一定是不明智的。二是不要受到市场波动的影响，而轻易放弃自己所看好公司的股票。每一次经济危机的时候，市场的表现都是类似的，通货膨胀指数暴增，股价暴跌，可能市场上 80% 的股票在跌，当然包括你手里的优质股。但这时候往往是价值投资者的机会。

而且，每一次经济衰退都成功度过后，经济一旦恢复正常，股市就会开始上涨，这些好公司就会有很好的表现，甚至不断创新高。

对于一般投资者来说，如果没有直接甄别股票的能力，投资基金和债券也是很好的选择，这样不用担心市场波动，让专业的基金经理帮你投资理财，依然能拿到不错的分红。

本节回顾

投资股票的本质是伴随着好公司的成长和发展获取股票红利，而不单纯是赚取股价波动的价差。在投资的过程中，需要认真研究和长期持有优质股票，而不能因为短期的波动而放弃，历史发展虽有曲折，但世界经济始终是不断向前发展的。当然，中国经济将来的趋势也是不断向前发展的，所以我们要对经济有信心，对市场前景有信心。

第 6 节

【案例】单日巨亏 50 多亿美元，巴菲特如何应对大跌

给大家讲一个案例，看看股神巴菲特是如何面对市场波动的，尤其是如何应对股市大跌的。

2018 年 2 月 5 日，一直处于牛市的美国股市突然出现暴跌，这次下跌导致全球 500 名最富有的人损失了 1140 亿美元的资产。其中，损失最严重的就是股神巴菲特，他单日损失达到 51 亿美元。

连同此次“爆亏”在内，在 2020 年疫情发生之前，巴菲特漫长的炒股生涯中经历了 5 次暴跌。包括 2015 年 8 月美股暴跌，股神执掌的伯克希尔·哈撒韦公司因股市下跌导致账面亏损达 112 亿美元；2008 年次贷危机时期，2 个月时间内巴菲特账面亏损高达 150 亿美元。

面对这种损失几十亿、上百亿美元的股市暴跌，作为一般人很难想象应该如何面对。那么，我们来看看作为股神的巴菲特，在直面暴跌时的心态和应对策略是怎样的。

概括起来就三句话：**面对暴跌极度冷静、暴跌之前谨慎防范、暴跌之后策略性抄底。**

一、面对暴跌极度冷静

1987 年 10 月 19 日，美国股市在经历了连续上涨 5 年的大牛市后，股灾从天而降，当日道琼斯指数暴跌 508 点，跌幅高达 22.6%，成为历史上第一个黑色星期一。

巴菲特的财富在一天之内就损失了 3.42 亿美元，在短短一周之内伯克希尔·哈撒韦公司的股价暴跌了 25%。那么，身处股市暴风雪中的巴菲特的反应如何呢?

在暴跌那一刻，可能巴菲特是整个美国唯一一个没有时时关注正在崩溃的股市的人。他根本不看股市行情，整整一天，和往常一样他安安静静地待在办公室里，打电话，看报纸，看上市公司的年报。

巴菲特没有恐慌地四处打探消息，也没有恐慌地抛售股票，面对大跌，面对自己财富的大幅缩水，面对他持有的重仓股暴跌，他非常平静。

他之所以能保持极度的冷静，是因为他坚信自己持有的上市公司具有长期的持续竞争优势，具有良好的发展前景，具有很高的投资价值；他坚信股灾和天灾一样，只是一时的，最终股灾会过去，股市会恢复正常，他持股的公司股价也会反映其内在价值。

二、暴跌之前谨慎防范

对每个人来说，面对的天灾是相同的，但由天灾引发的损失是不同的。那些事先有了妥善防范措施的人，所受的损失相对而言要小得多，而且恢复起来也会快得多。

我们再看看巴菲特在股灾之前是如何防范的。

巴菲特碰到的另一次股灾是在2000年左右，当时美国科网泡沫破裂，三年累计跌幅超过一半。而这三年股灾期间，巴菲特的业绩上涨10%以上，以60%的优势大幅度战胜市场。

为什么会有这样的结果？因为巴菲特在此之前早已做好了应对股灾的准备。

从1995年到1999年的美国股市，在网络和高科技股票的推动下，累计上涨超过2.5倍，是一个前所未有的大牛市。而巴菲特却拒绝投资高科技股票，因为他认为那不在他的能力圈之内，他继续坚决持有可口可乐、美国运通、吉列等传统行业公司的股票。1999年，标准普尔500指数上涨21%，而巴菲特的业绩却只有0.5%，不但输给了市场，而且输得非常惨。

在1999年的股东大会上，股东们纷纷指责巴菲特，几乎所有的报纸传媒都说股神巴菲特的投资策略过时了。但巴菲特根本不为所动。正是他这种坚定的长期价值投资策略，让巴菲特安然度过了网络股泡沫破灭的股灾。

巴菲特是一个非常谨慎的人，他轻易不买股票，只在非常有把握的情况下，才会重仓出手。他所追求的确定性，并不是来自股市的波动和股价的涨跌，而是来自他的价值投资理念，也就是前面我们讲过的公司内在价值的持续增长、安全边际以及清晰的能力圈边界。

巴菲特始终牢记老师格雷厄姆传授的两个基本原则：第一，

永远不要亏损；第二，永远不要忘记第一条。

三、暴跌之后策略性抄底

股灾发生时，股价暴跌，很多人急于抄底，想发一笔股灾财。但急于抄底，很可能抄到手的是一把正在跌落的小刀，而且你抓到手的往往是刀刃，而很少是刀把。

回顾巴菲特在历次股灾中的表现我们发现，巴菲特有一套自己的抄底策略。我简单总结为“四心”策略，即：**抄底要有耐心、没抄到底也不要灰心、抄底要用心、抄底要坚持初心。**

（一）抄底要有耐心

1969 年 9 月，巴菲特退出股市，然后一直抱着现金，等待估值过高的股市暴跌。但是连他自己也没有想到，虽然 1970 年 5 月标普 500 指数从 100 点最低跌到 68 点，但又迅速反弹，连续上涨两年多，1973 年 1 月最高升至 121 点，之后才开始真正下跌，直到 1974 年 10 月，标普 500 指数跌至最低 60 点。巴菲特等待暴跌，这一等就是 5 年。等到市场极度悲观，等到股市跌到所有人都恐惧时，他才重新回到市场，开始大量低价买入。

巴菲特从来不会急于抢反弹，他要的不是短线投机的小利，而是长期价值投资的大利，这也是一种延迟满足。因此，他会耐心等待股市一跌再跌：“只有资本市场极度低迷，整个企业界普遍感到悲观之时，获取非常丰厚回报的投资良机才会出现。”

（二）没抄到底也不要灰心

1987 年 8 月到 10 月，美股暴跌 36%。这一次股市跌得快，反弹也快，结果巴菲特没有抄到底。面对暴跌匆匆而来又匆匆而去的投资机会，巴菲特仍然非常淡定，因为他相信下一次机会还会来，只要耐心等待，机会永远都会有。

在1987年度致股东的信中，巴菲特表示："对于伯克希尔·哈撒韦公司来说，过去几年股票市场上实在没有发现什么投资机会。不过你们可以放心，市场将来一定会提供投资机会，而且一旦机会来临，我们十分愿意也有能力好好把握住机会。"

对于这次没有抄底成功，巴菲特认为，不要因为试图把握住每一次机会而自责甚至使投资行为失控。

果然，在暴跌后的第二年，抄底机会来了，巴菲特开始大量买入可口可乐。1997年年底，他持有的可口可乐股票市值上涨到133亿美元，10年赚了10倍。

（三）抄底要用心

所谓用心，就是暴跌之后，并不是什么股都能抄底，要用心甄选。

2000年3月到2002年10月，美股再度暴跌。巴菲特其实早就预言，由科技网络股推动的这波股市大涨后泡沫必然破裂。但尽管股市3年跌了一半，巴菲特却并不急于抄底，因为他想买的很多股票还不够便宜，而那些跌幅超过一半的网络股看起来有很大吸引力，但巴菲特根本不想去抄底，因为他并不认为这些暴跌后的股票内在价值被市场低估。只有很少股票的大幅下跌，能让巴菲特有兴趣关注。

2003年，巴菲特终于找到了足够便宜的好股票，开始出手大量买入中石油股票，只用四年时间狂赚277亿港元。

（四）抄底要坚持初心

所谓坚持初心，是指对价值投资的坚定信仰。

2008 年，金融危机来袭。在市场恐惧气氛最高的时候，当年 10 月巴菲特在《纽约时报》上发表文章，公开宣布：正在买入美国股票。他在 2009 年度致股东的信中说，暴跌时要贪婪到用大桶接："如此巨大的机会非常少见。当天上下金子的时候，应该用大桶去接，而不是用小小的指环。"

2008 年 9 月，巴菲特宣布购入高盛 50 亿美元的永久性优先股，其普通股可转换价为 115 美元，那时高盛股价仍在 125 美元以上。但随后股价一度跌至 55 美元，暴跌了近 55%，当时"股神也会被深套"的声音充斥在各大媒体。但巴菲特根本不为所动。2013 年 3 月，这笔投资为巴菲特净赚 31 亿美元。

股票被套是投资者最不愿意看到的情况。但巴菲特却反其道而行之，**对于自己看好的股票，他甚至会"主动买套"，**这也体现了他对于价值投资的坚定信念。所以，他能够在金融危机的暴跌中如此淡定地大规模投资。

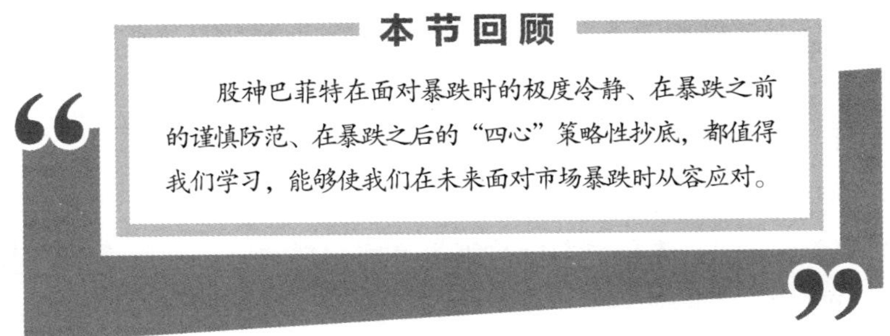

※ 发现有长期价值的好行业 ※

第7节 三个模型，学会就能精通行业分析

前面我们讨论了如何正确认识价值投资，那就是寻找好行业里被低估的好公司。那么，首先就要解决怎么寻找好行业的问题。进入这一模块，我们就来学习如何找到有长期价值的好行业。这一节，我来介绍行业分析的三个主要模型。有了这三个模型，你再去看关心的行业，就能心中有一把评判的标尺，知道从何处下手。

一、PEST 模型

PEST 是企业所处宏观环境分析模型。所谓 PEST，是由几个英文单词首字母组成的：P 就是政治（Politics），E 是经济（Economy），S 是社会（Society），T 是技术（Technology）。这些是企业的外部环境，一般不受企业掌控。而宏观环境对行业的影响是非常重要的，只有把握住宏观发展的趋势，才能判断行业的发展方向。

政治对宏观环境的影响是显而易见的，特别是一个国家或地区的政治制度、体制、方针政策等方面，常常对行业的发展有着深远的影响。世界各国的股市都会受到政治的影响，所以在分析

一个行业时，一定要看政治环境是否稳定，国家是否对这一行业进行更强的监管或者增加税收。比如，金融行业就是强监管行业，分析金融行业就要先把金融监管政策彻底摸透。

经济是指国民经济发展的总概况，国际和国内的经济形势以及发展趋势，会在宏观上影响一个行业的发展。具体可以细分成4个层面：

1. 社会经济结构层面，主要是关注产业结构，比如现在的供给侧结构性改革主要调整的就是产业结构。像钢铁、煤炭行业就属于产能过剩行业，投资时一般不会选择这样的行业。

2. 经济发展水平层面，指的是国家经济发展的规模和速度。比如，我国在过去三十年 GDP 高速增长，人均国民收入增加，都是经济发展水平提高的表现，在这种背景下投资和经济发展密切相关的行业就容易分享红利，比如房地产、基建行业。

3. 宏观经济政策层面，我们最常说的就是财政政策、货币政策等。比如，货币政策宽松时对股市是利好，特别是对银行、房地产行业利好。

4. 当前经济状况层面，比如目前的通货膨胀率、利率、信贷投放以及政府补贴等，也是选择行业的重要因素。比如，前几年新能源汽车行业有大量的政府补贴，而这个行业的股票涨得不错。

说完了 PEST 前两个因素，再说后两个因素。

社会环境，是指一定时期内整个社会发展的一般状况，主要包括人口变动、社会风尚、文化教育、价值观念等。我国在 2015 年出现人口红利拐点，预示着之后的劳动力成本将逐年增加，所以之前靠低成本劳动力的劳动密集型行业，纷纷面临转型。同时人口增长也决定消费，比如国家放开“二胎”政策以后，母婴行业的公司股票马上上涨了一阵子。生活方式的改变，比如垃圾分类，是整个社会环保意识提高的表现，所以利好垃圾分类和回收行业。文化的影响也是不可忽视的，比如近几年电影行业的发展，每年都有不少大片上映，这个行业从长期来看，会随着人们对精神文化的追求而持续发展。

最后一个是技术，它指的是社会技术总水平及变化趋势。这里既包含技术变迁、技术突破对企业的影响，也包括技术和政治、经济、社会环境之间的互相作用。科技不仅是全球化的驱动力，也是企业的竞争优势所在。2019 年科创板正式推出，也是为了推动科技行业的发展和创新，未来一定会有十倍收益的大牛股出现。

PEST 模型主要是围绕影响行业的外部因素来评判，下面将介绍行业分析中最常用的模型工具——波特模型，这是一个更关注行业内部的分析模型。

二、波特模型

迈克尔·波特（Michael Porter）于 20 世纪 70 年代率先提出波特五力模型。他认为行业中存在五种神秘力量，当这五种力量混合在一起的时候，就可以产生足以影响行业发展的能力。

这五种力量分别是行业内现有竞争者的竞争能力、潜在竞争者进入的能力、替代品的替代能力、供应商讨价还价的能力、购买者讨价还价的能力。

通过使用波特模型，就能对一家公司所处的行业有一个全面了解。比如，你关注一家公司，它的主营业务是钢铁。那钢铁行业是不是一个好行业呢？我们用波特模型来看看这个行业上下游的议价能力。钢铁行业的供货方是全球三大铁矿石巨头，这三大巨头几乎垄断了全部的铁矿石交易，这就导致国内钢铁企业基本没有定价权和谈判的筹码；而钢铁行业的买方几乎是一些大的汽车厂商，因为汽车厂的采购量很大，所以在谈判上钢铁企业也占不到一点儿便宜，这就出现了钢铁行业两头受压的情况。

在经济不好的时候，钢铁企业没有筹码让供货方降价，以降低自己的成本，所以就会直接面临巨额亏损的风险。而在经济好的时候，铁矿石的价格随之上涨，钢铁企业又没有对下游涨价的话语权，利润就会被大幅压缩。

因此我们不难得出结论，国内大部分钢铁企业长期亏损主要有两个原因：除了大家都熟知的产能过剩之外，还有一个就是从对上下游讨价还价的能力来看，它本身就不能算是一个好行业。

三、SWOT 分析

所谓 SWOT 分析，是基于内外部竞争环境和竞争条件下的态势分析，S（Strengths）是优势，W（Weaknesses）是劣势，O（Opportunities）是机会，T（Threats）是威胁。运用这个模型，可以对行业所处的竞争环境进行全面、系统、准确的分析，从而制订相应的发展战略、计划以及对策等。SWOT 分析常常被用作企业内部分析，但实际上，它作为行业分析工具也十分有用。

分析企业优劣势的时候，我们需要在整个价值链的每一个环节中，将企业与竞争对手进行详细对比，如产品是否新颖、制造工艺是否复杂、销售渠道是否畅通，以及价格是否具有竞争性等。如果一个企业在某一方面或某几个方面的优势正是该行业的企业应具备的关键成功要素，那么该企业的综合竞争优势就强一些。行业的优势和劣势，其实就是所有行业所在的“赛道”的优劣，需要经过认真研究才能判断出来。

在 SWOT 模型包含的四种因素中，机会和威胁对行业来说更重要，因为往往一个行业的振兴和衰落关键就隐藏在这些机会和威胁中。机会早期经常是隐蔽的，比如早期手机行业无人问津，但苹果推出了智能手机之后，手机厂商马上像雨后春笋般诞生了。而来自其他行业的威胁，也是需要警惕的，比如对金融行业来说，威胁可能来自互联网行业。大型互联网公司用新技术做金融服务，在市场上的竞争力非常强，就像余额宝。

价值投资的原则是放之四海而皆准的，但是具体到分析方法和分析指标，就得具体问题具体分析。我们对行业进行分析的时候，最好多个指标综合运用，从不同的角度把握，同时不能完全拘泥于根据指标得到的结论，还要关注公司所处的宏观环境以及行业未来发展的趋势。

最后，请你运用三个模型中的一个，自己挑选一个行业进行简单分析。

本节回顾

本节介绍了PEST模型、波特模型和SWOT分析三个模型，它们在进行价值投资的时候非常有用，可以帮助你判断行业和公司是否值得投资，以及是否是投资的好时机。

第8节
三大标准，帮你快速发现好行业

我们一直强调价值投资要选择好的行业，选一个好行业是成功投资的基本条件。有些很好的公司，也有很好的管理层，但烂在行业里，最终也无法成功。这就像买房子，一定要先看社区，如果社区不行，房子再漂亮也不行，也就是说，地段是最重要的。那么，到底什么样的行业是好行业呢？本节我们来讲讲好行业的三大标准，帮你更快地发现一个好行业。

一、行业增速能保持长期较高水平的行业是好行业

只有朝阳行业，才能产生长期的牛股。比如，在我国经济转型的背景之下，消费行业是未来增长最确定的，无论受益于消费升级的高端消费品，还是受益于消费总量扩张的一般消费品，未来的盈利增长都比较确定。

具体来说，在高端消费品中，像白酒、医药、食品饮料等一些品牌消费，以及一般消费品中的快速消费品，未来都有比较好的盈利增长。这些行业中很容易产生长期牛股。

过去几年，以茅台、五粮液为代表的白龙马股的股价不断地

创出历史新高，而大多数白龙马股产生于消费和金融行业，特别是消费行业，就是这个道理。

股神巴菲特在长期的投资中，几乎把全部资产配置在消费股上，比如可口可乐、喜诗糖果、吉列等，就是因为他看好消费股能够穿越经济周期，并能保持长期盈利增长。巴菲特以前从来不投资科技公司，是因为他认为科技公司的护城河并不坚固，很可能过几年技术进步后就会被淘汰。

但是在 2017 年，伯克希尔·哈撒韦一跃成为苹果公司第二大股东，其实并不是因为巴菲特看好科技股，而是因为苹果手机几乎已经成为一种人手一部的消费品，苹果手机已经具备消费品的特点。

而后来伯克希尔·哈撒韦买入亚马逊股票，并不是巴菲特去配置的亚马逊，而是他手下的基金经理比较看好亚马逊，巴菲特对这些基金经理的选股很放心。他说，投资科技股不在我的能力圈范围内，但是我相信我的基金经理具备这个能力，他们的选择是对的。

正是因为巴菲特执着地坚持买入消费股，才创造了 55 年涨两万倍的奇迹。

中国经济从高速增长期进入中速高质量增长期，意味着消费、医疗、养老、教育等与民生密切相关的行业将迎来一个长期的发展机会。比如老龄化，2015 年我国已经出现人口红利拐点，未来每年新增的老龄人口将远大于过去几十年的每年新增量，养老产业必须大力发展才能够弥补单靠政府养老的旧模式。因此，养老行业的增速在未来几十年应该会保持在比较高的水平。

二、有行业壁垒的行业是好行业

所谓行业壁垒，就是有一定的门槛，不是谁想进来就能进来的。我们都知道，如果某一个行业短期增长很快，利润率很高，马上就会有人来模仿你的产品。另外，还有一些人想比你做的规模更大，然后把成本降得更低，你的竞争优势很快就会降低甚至消失。所以你必须处于一个有壁垒的行业，比如需要执照或者有品牌优势，别人可以做但你更有名；或者你具有研究能力，有技术专利；或者你掌握某种矿产或资源，别人没办法无中生有；或者你是政府特许经营等。

有的行业短期增长好像很快，但其实不是依靠自己的能力，有的是靠做明星企业供应链上的一个环节。比如，苹果产业链上的公司，主要是给苹果产品做零部件。A 股市场上就有一些“苹果概念股”，靠给 iPhone 和 iPad 做零部件，股价涨了好几倍，但是往往涨了之后还会大跌。这就属于依靠别人，没有自己的壁垒，很容易被替代，缺乏核心竞争力。

在我国，准入牌照是资源，比如金融、电信、铁路、电网、供水、供气，媒体行业也存在一定的牌照限制。还有最近的 5G 牌照，只有拿到牌照的人才能做 5G 业务。再如游戏要发版号，2018 年，腾讯就是由于这个原因，股价近乎被腰斩。

专利技术或者独家的工艺流程也是一种壁垒，别人要么做不了，要么有专利挡着而不能做。现在提倡保护知识产权，就是越来越看重专利的价值。最典型的就是医药行业，没有技术专利就基本进不去。拿华大基因来说，它在基因工程方面已经拥有行业领先的技术，这时候一个新公司如果要做基因检测、基因工程，想要超过华大基因，短期内是绝对不可能的。当然，没有一定的先期研发，其他公司要想涉足这个领域也是非常难的。

资金的规模也是一种壁垒，如果一个生意动不动就要投入百亿资金，首先很多机构和个人没有这样的资金实力，想做也做不了。即使有这么多钱，也会很小心地掂量一下要不要投，是否值得去冒这个险。但是这种壁垒也有可能被攻破，因为有钱的机构还是有不少的。就像当初华润投资做啤酒，做出来的雪花啤酒就严重地挤压了青岛啤酒的份额，给青岛啤酒造成了巨大的压力。

时间也是一种壁垒，如果做成一件事情需要大量的时间投入，往往也会把新进入者挡在外面。比如有些名贵的苗木，往往需要好几年甚至几十年才能长成，很少有人会有这样的耐心去等待。

具体到行业，服装行业的壁垒是很弱的，没有牌照准入限制，也很少有专利技术，需要投入的资金量也不太大，人才的流动也很方便，商业模式基本上是互相拷贝，网络的成本也不高、新开几家店还是比较容易的，用户的转换成本也非常低廉，打一个新款或者推一个新品牌很快就可以做成，不需要太多的时间。从这个角度来看，服装行业就不是一个投资的好行业。

三、有积累的行业是好行业

找有积累的行业，这和一个年轻人在选择职业的时候，要找那种有积累的行业是一个道理。比如，做投资就是有积累的行业，做过十年投资的人和只做过一年的就是不一样，因为他见过大风大浪，而刚从学校出来的小伙子，不管他多聪明，就是没有经验。所以说一定要在有积累的行业，越老越值钱。2020 年，股神巴菲特已经 90 岁高龄，而芒格更是高达 96 岁，他们仍然活跃在投资界的第一线，因为投资这个行业就是有积累的行业。

另外，石油行业就是一个需要积累的行业，从上游的开采到冶炼再到下游的销售，每一个环节都需要复杂和细致的行业知识，比如如何铺油气管道、提纯检测石油，甚至在哪里建加油站，都是学问。不在这个行业里钻研三五年是很难弄懂的。

但有的行业因为技术变化太快很难有积累。你也许积累了很久，拼命挖了护城河，但人家可能不进攻这个城，而是绕过去建了个新城。我们现在把这种现象叫作“弯道超车”，或者叫“降维打击”。最明显的就是高科技行业，电子、科技、媒体和通信技术更新换代太快。还有电视技术，以前是 CRT，后来变成 DLP，再后来是LCD，接着是LED，现在又变成3D，而VR、AR也出现了。

这种行业中的企业很辛苦，两三年更新换代一次，要不要投资？如果不投，别人超过你，你的品牌就受损，消费者也不接受；如果投了很多钱，却只能做两年，就会明显感觉辛苦。而白酒行业，一个配方可能用几十年甚至上百年，这样的行业就是好行业。中国有很多传统的可以百年不变的东西，比如片仔癀，它的配方受国家专利保护，并且这个保护是没有期限的，永远只有漳州片仔癀药业股份有限公司能够做这个配方。这样百年不变的东西，就是有积累的行业，长期回报更值得期待。

最后，我留一个问题：请运用本节介绍的三大标准，试着分析一下你所熟悉的行业，看看有没有符合标准的好行业。

本节回顾

本节我们讲了发现好行业的三大标准。选择行业最重要的是要看它是否有长期高速的增长、是否有一定的行业壁垒、是否是有积累的行业。只有先选择好的行业，我们才能够选择其中的好公司。所以在选择行业的时候，一定要先认真想一想它是否符合这些标准，再决定是否进行投资。

第9节 如何选择行业的最佳投资时机

做投资的时候选择一个好的行业非常重要。上一节我们讲了判断好行业的标准，那么找到了好的行业，应该选择什么时机来投资它呢？对于好的行业来说，是不是什么时候去投资都能盈利？不同的好行业是不是投资的时间点也不相同？这一节我们就来回答这些问题。

一、每个行业都有不同的发展阶段

首先我们要明确一个问题，每个行业都有不同的发展阶段。一般来说，行业发展有四个阶段，先是萌芽期，接着是成长期，然后是成熟期，最后是衰退期。

一个行业在萌芽的时候，万事开头难，成长速度很慢；当需求开始放大的时候，就会迎来一个快速成长期；之后因为行业迎来利好，会有大量的竞争对手进入，于是这个行业慢慢地进入成熟期；随着各个厂商的利润率不断下降，在完全竞争的市场，厂商的经济利润可能会降为零，这个时候行业就会慢慢进入衰退期；最后由于需求量下降或者技术进步，有可能导致整个行业彻底消失。

比如，汽车行业在中国的发展，20 世纪 80 年代，汽车行业在中国起步发展；从 2000 年开始，我国进入汽车进家庭阶段。在 2000 年之前，汽车是一种身份的象征，是少数人才能享受的奢侈品，但是 2000 年之后，普通人也可以买得起汽车了，我国汽车行业进入了高速发展期，与之相关的股票价格也出现大幅上涨。

而我在 2006 年进入基金行业，我的第一份工作就是做汽车行业研究员，所以我亲眼见证了我国汽车行业高速发展的阶段。在 2006 年到 2007 年，我向南方基金的基金经理推荐了大多数汽车股的股票，他们几乎把在 A 股上市的汽车的股票都买到了上限，也就是总股本的 10%，所以获得了比较好的回报。

但是 2010 年之后，我国的汽车增速开始出现下降，从 20%～30% 降到了 10% 左右。也就是在那个时候，我国汽车的销量第一次超过了美国。美国汽车销量的峰值是一年 1800 万辆，我国在 2010 年就达到了 2000 万辆，现在大概是 2500 万辆。**我国汽车行业的发展从成长期进入成熟期，这时候虽然做汽车行业还赚钱，但是利润率和之前无法相比**。所以，如果我们这时候买汽车股，那获得的回报就比在成长期买少很多。现在汽车行业更像一个稳定增长型的行业，买入龙头汽车的股票相当于买入一个稳定收益型的公司，在经济学上叫作**现金牛公司**。

当然，现在我国汽车行业还没有进入衰退期，因为我们国家人均汽车保有量还比较少，美国一百人中有 70 辆汽车，但是我国一百人只有10到20辆汽车。这几年北上广深都实行了汽车限购，这些城市的汽车保有量基本上达到了发达国家水平，所以这些城市的汽车保有量增长速度已经变慢了。

天使投资人一般在一个行业的萌芽期介入，PE、VC一般在其成长期介入。如果我们买二级市场的股票，同样要关注这几个阶段。

二、买行业的话，在一个行业的成长期和成熟期最合适

在我看来，**买行业的话，在一个行业的成长期和成熟期是最合适的**。行业在成长期，说明它的商业模式已经被市场认可，也已经出现了一些发展比较好的公司。而在成熟期，比如消费行业，无论家电、白酒还是服装都已经存在了很多年。这些消费和我们的衣食住行息息相关，我们非常清楚哪些公司是好公司。这些行业的龙头股就非常值得关注。比如茅台、格力、伊利等消费行业的龙头股，它们都是处于成熟期的龙头公司，股价不断地创出历史新高，受到各路资金的追捧。

这里需要提醒的是，**成熟期的行业不是不成长了，而是相对于成长期的行业来说，成长的速度变慢了**。比如手机行业，从前些年的成长期过渡到现在的成熟期，我们能够明显地感觉到手机市场已饱和了。但是做手机依然是赚钱的，只是盈利难度比以前大很多，盈利增长速度也比以前慢很多。

选择行业的成长期和成熟期进行投资，是安全性最高的，也是盈利性最好的。当一个行业进入衰退期的时候，也就是成为夕

阳行业时，千万不能再去投资，即使它的价格很便宜。比如钢铁行业，前些年我国处于重工业化时代，钢铁行业作为国民经济的重要行业取得了不错的增长，但是随着我国重工业化时代逐步完成，现在钢铁行业的产能严重过剩，成为供给侧结构性改革的重点行业，那么钢铁行业就没有太高的投资价值了。**所以最近几年我不建议大家去买钢铁行业股票，就是这个原因。**

三、关注政府的政策

在掌握不同行业发展规律的同时，我们还要关注政府的政策，比如政府给一些行业补贴，有可能会造成这个行业出现比较好的上涨；反过来，当补贴滑坡的时候，这个行业可能会下跌。比如，前几年家电下乡、汽车下乡就带来了一波很大的行情。

再如，国家对于新能源汽车的补贴，使新能源汽车行业大幅上涨，特别是上游的钴锂资源股，在 2016 年和 2017 年出现了大幅上扬，而电解液公司也出现了大幅上涨。而 2018 年，随着国家对于新能源汽车的补贴滑坡甚至取消，新能源汽车板块大幅下挫，上游的钴锂资源股几乎把之前的涨幅悉数跌了回来，这说明对于政策的研究是非常重要的。

我们研究行业政策，要看这个行业政策对行业是否有根本性的影响。政策补贴可能会造就一个非常热门的行业，而反过来，当补贴取消的时候，这个行业可能会出现残酷的竞争，股价可能会出现大幅回落。

值得注意的是，我们对于政府扶持的行业也要保持谨慎，并不是说只要政府支持的行业就会有好的发展。各地方政府都倾向于扶持当地企业，结果就会造成行业的产能过剩，价格竞争。最典型的就是风电和光伏行业。2010年，各地政府扶持当地的风电和光伏企业，这些风电和光伏企业遍地开花，两三年的时间产能就严重过剩，特别是光伏行业。

恶意的价格战是非常可怕的，企业拿到政府补贴之后，不去搞研发，不去想着提高产品的质量，反而与别的企业进行价格竞争，只注重短期利益，这样的话整个行业就无法发展起来。其实我们看国际上一些大公司的成长过程，没有一个伟大的企业是靠政府补贴发展起来的，大部分的是经过严酷的市场竞争，摸爬滚打起来的。所以，政府补贴是不是有利于行业的发展，是不是有利于培育伟大的公司，现在存在极大的争议。

四、在行业偏离估值时抓住投资机会

最后，在行业偏离估值的时候，我们要学会如何发现它，同时抓住投资时机。南方基金的投资总监邱国鹭先生曾经说过：以高估值买新兴行业而落入成长陷阱的，是沉迷于未得到；以低估值买夕阳行业而落入价值陷阱的，是沉迷于已失去；投资中风险收益比最高的，还是那些容易被低估的正拥有。

好行业被低估的时候，我们应该投资它，比如2016年的工程机械、2011年的银行、2012年的地产，回头来看都印证了人弃我取的有效性。

如何判断一个行业是不是偏离了估值呢？要注意以下两点。

第一，看导致低估的事件是不是长期平稳增长行业中的黑天鹅事件。比如前几年的瘦肉精事件、三聚氰胺事件和毒胶囊事件，它们对波及的行业都没有产生持久或致命的打击，对行业销量的负面影响只持续了两三个月，而那些没被卷入事件的行业龙头，反而在事件发生的时候迅速占领市场，迅速崛起，打造了自己的品牌声誉。这就属于在长期平稳增长行业中出现的偶然事件，如果偏离估值就可以坚定抄底。

第二，看估值是否够低。有时候好行业被过分炒作就会被高估，炒作之后再回落，往往又因为人们的恐慌抛售降到低于正常估值的位置，这时候我们就可以介入了。估值高的股票本身估值存在下调的空间，加上这类股票未来的增长预期同样存在巨大的下调空间。因此，这种戴维斯双杀导致的下跌一般持续时间长，而且幅度大。刚开始暴跌的时候我们不要去接飞刀，等到股价跌出了价值再去研究。最为典型的就是 2000 年互联网泡沫破裂，大量科技股下跌，像思科、微软、亚马逊这些龙头公司的股价暴跌 50% 以上，也就是股价被腰斩。而当泡沫破裂之后，这个行业进行了洗牌，互联网行业东山再起，上涨了接近 20 年，一直到现在，微软、亚马逊这些优质的公司重新成为世界科技的巨头。

本节回顾

我们投资一个行业，要选择在它的成长期和成熟期进行投资，而不要在衰退期投资。在选择行业投资机会的时候，要密切关注政府的行业政策，既要选择好行业，也要选择热门行业。当然，在政府支持力度减弱的时候，要注意规避股票大幅下跌的风险，还要学会在行业偏离估值时介入，未来将会受益颇丰。

第10节 传统行业VS.新兴行业，哪个更赚钱

我们先讨论一下比较笼统的行业分类：传统行业和新兴行业。所谓传统行业，指的是劳动力密集型的、以制造加工为主的行业，如制鞋、服装、钢铁、机械制造、化工等行业。新兴行业通常是指那些随着新的科研成果和新技术的诞生和应用，而出现的全新的经济部门或行业。

最近几年，越来越多的人开始关注所谓的新兴行业，比如人工智能、大数据、云计算、5G芯片等。科创板的到来也让大家更加关注科技股，而对于钢铁、服装、地产这样的传统行业，大家也在讨论是否还有新的增长点和投资价值。那么到底该投资传统行业，还是该投资新兴行业？或者说，投资传统行业和新兴行业，哪个更有可能赚钱呢？我们接下来就详细讨论一下。

一、传统行业和新兴行业的股票表现特征不同

首先，我们需要明确的是，传统行业和新兴行业的股票在市场上的表现特征不一致。在A股市场上，传统行业大多数是大盘

股，比如基建、银行、消费等，行业增长稳定，在上涨的时候可能比较慢，但市场下跌的时候也比较抗跌。而新兴行业大多数是小盘股，以创业板为代表，现在又新增了科创板，主要是科技类公司，往往是在风口的时候快速上涨，但过了风口之后跌起来也是比较凶的。

为什么会出现这种不同的表现呢？在传统行业，特别是传统的盈利稳定增长的行业，经过了长时间激烈的市场竞争阶段之后，进入寡头垄断阶段，行业的格局已经比较稳定，基本上每个行业里都有几个龙头公司，比如，白酒行业就是茅台、五粮液、泸州老窖、洋河等这几个一二线品牌。这些公司历史悠久，规模也非常大，有比较雄厚的实力，抗风险能力比较强，不会说遇到什么风吹草动就破产。但同时，由于这个行业的格局基本已经定型，市场需求相对比较稳定，这些龙头公司的市场占有率可能会提升，但如果还想要实现高速增长，也是不太现实的，于是就形成了股价相对比较稳定的状态。

回过头再看新兴行业，比如人工智能、大数据、5G 这些细分行业，行业格局完全没有形成，竞争才刚刚开始，最后谁能称霸还是未知数。所以很多创业公司会进入这片蓝海挖掘机会，其中很有可能就有未来的大牛股。从二八定律的角度来看，80% 的公司最终将面临被淘汰和被边缘化的命运，所以投资新兴行业的风险比较大。那能不能获得高收益呢？关键看你的眼光。大家都想发现下一个腾讯、下一个阿里巴巴，但实际上，能够发现“伟大公司”的概率非常低，即使短期看到了，因为存在各种波折的可能性，后面也未必能够坚定持有，一旦行业出现下滑或者大跌，你可能就拿不住了。从这个角度看，投资新兴行业有一点点类似“赌博”的味道。

二、传统行业和新兴行业的投资方法不同

我们投资传统行业，首先看供给，传统行业只有控制供给才能获得利润的快速增长，产能过剩的行业很难发展。一定要区分出稳定增长的行业和夕阳行业，对于产能过剩面临淘汰的行业，即使它的估值非常低，最好也不要去投资。而对于那些未来仍有增长空间的行业，则要坚定投资。

判断产能是否过剩的指标主要有产能利用率、产销率、利润率等，当然具体到各个行业，这些指标也有不同的表现。

在我国经济转型的背景之下，传统行业中的消费行业是未来增长最确定的，无论是受益于消费升级的高端消费品，还是受益于总量扩张的一般消费品，未来的盈利增长都是比较确定的。巴菲特在长期的投资中，把大部分资产配置在消费股上，就是看好消费股是能够穿越经济周期，保持长期盈利增长的。可以说如果没有配置消费股，就很难保证投资业绩能够长期向好。

投资新兴行业则主要看需求，因为需求越大，成长越快。要特别注意两点：一是要选择绝对的龙头，因为新兴行业往往存在“赢者通吃”的情况；二是要用公司的成长性判断公司价值。传统的行业可以按传统的方法，但新兴行业的估值就不能死板

地用市盈率。比如互联网、机器人、3D 打印，这些企业在创新阶段是没有盈利的，甚至没有固定的商业模式，但未来可能会有业绩的爆发。那么怎么对它们进行估值呢？我们要用另类估值方法。比如用公司的市销率（市值 / 销售收入），或者用公司的用户数，用公司的流量、专利数，等等。总之，要综合运用多种估值方法。关于具体的估值方法，将在后面的内容中详细介绍。

总而言之，新经济代表未来的经济和社会发展方向，符合经济转型方向的科技龙头公司，有望成为未来经济的增长点，其中的优胜者可能就是未来的优胜公司。比如，美国在 2019 年以前的十年大牛市里，市值前十的大公司中有七家是科技公司。虽然中美之间还有差距，但是一批科技公司已经成长起来，甚至已经成为国际上的科技大公司。

从大的方向来看，新经济板块将来肯定会成为资本市场的重要一极，特别是科创板设立以后，一批符合国家六大发展战略的公司会分批上市，前几批上市的公司已经受到投资者的追捧，股价不断创出新高。这势必会改变 A 股现有的市值结构，新经济板块的占比会大大提升，至少要提升到和在 GDP 中一样的占比，甚至更高。也就是说，以后 A 股 1/4 左右的市值，是一些以科技股为代表的新经济板块。

本节回顾

本节主要讨论了投资新兴行业和传统行业的不同方法。它们虽然在股市的表现各有特色，但无论投资传统行业还是新兴行业，都有赚钱机会，也都有一定风险，所以重要的是学会正确的投资方法，不盲目跟风炒作。持有好股票，就能够获得稳定盈利，而不必担心明天的涨跌。

第11节 行业轮动的背后有何玄机

大家之前可能听过“行业轮动”这个说法，也就是说，市场往往不是齐涨齐跌的，会出现行业的轮动，即此起彼伏地涨跌，这段时间可能这个板块涨得很牛，另一段时间可能这个板块下跌，其他板块开始上涨。

所以这一节我们具体讲一下怎么判断市场行业轮动，怎么找到这中间的规律。这主要涉及大小盘风格转换和各个行业之间的轮动。

一、大小盘风格转换

大小盘风格转换是指蓝筹股和小盘股之间的风格转换。这里简单解释一下，蓝筹股是指一些基本面比较好、牌子比较大的传统行业的龙头股，比如沪深300成分股大多都是蓝筹股；而小盘股是指新兴行业的股票，牌子比较小、盈利增长波动比较大，好的时候盈利增长很快，差的时候也会出现很大的亏损，主要是指创业板、科创板上的小盘股。

在蓝筹股行情的时候，以沪深300为代表的蓝筹股大幅上涨，小盘股按兵不动，甚至有可能下跌；而有时候是小盘股行情，比如，从 2012 年 5 月到 2014 年 7 月，大盘一直在 2000 点到 2400 点之间震荡，但是小盘股却走出了大牛市，甚至出现了 10 倍牛股。

大小盘轮动是比较频繁的，有时是以半年为周期，即每半年转换一次。而在牛市的时候，往往一个月转换一次，大小盘风格转换是非常快的，这和市场行情有关。

对于大盘和小盘的转换，我们怎么去把握呢？

第一，看投资风格。如果你的投资风格是偏稳健的，希望获得一些稳健收益，那么就瞄准大盘股来做。比如在香港市场，汇丰银行被称为“定海神针”，很多老人家都买了汇丰银行的股票，股价几乎不怎么动，但是每年都有稳定分红，类似于有固定收益率的产品。

A 股市场的蓝筹股，我把它分为大盘蓝筹和二线蓝筹，以银行、地产、石油石化为代表的大盘蓝筹股，业绩增长比较慢，盘子很大，股价波动小，往往不受普通投资者的喜欢，资金量比较大的机构喜欢配置这些大盘股，因为这些大盘蓝筹盈利增长稳定、市盈率低、风险也低，可以获得稳定的收益。散户投资者特别喜欢小盘股，因为小盘股弹性大，随便一买就可能大涨。很多散户投资者还喜欢低价股，喜欢买单价两三块钱的股票，因为这些股票在牛市时往往会受到资金的炒作。

值得注意的是，A 股市场有“1 元面值”的概念，根据交易所的规定，当一个公司的股价连续 20 个交易日低于 1 元时，将会直接退市，现在市场上已经出现了几只股价低于 1 块钱的股票，并且有些已经退市了。而股价 1 块多钱的股票也出现了一大批，所以建议大家不要去炒作低价股，有可能你买了以后，会出现退市的风险，这是得不偿失的。而幻想通过借壳上市、资产注入实现“乌鸡变凤凰”，现在也变得越来越难。在严监管的背景下，很少有公司能通过借壳上市，实现咸鱼翻身。所以建议大家改变过去那种炒小、炒差的投资习惯，这也是我一直跟大家强调价值投资的原因。

第二，从估值上来看，A 股市场的小盘股估值远远高于蓝筹股，应该重视蓝筹股的机会。这可能跟 A 股市场投资者的结构有关，A 股是以散户为主的市场，由于散户喜欢炒小盘股，所以小盘股的估值动辄就是六七十倍，甚至上百倍。而在香港则是相反的，香港市场是以机构投资者为主，蓝筹股在香港市场有比较明显的溢价，市盈率往往达到 20 倍，小盘股则不到 10 倍。

2014 年 10 月，沪港通开通，当时我断言，在开通之后，根据物理学上连通器的原理，两地市场的估值会有接近的趋势，也就是说，A 股蓝筹股的估值会上升，而小盘股的估值会回落；而香港市场小盘股的估值会大幅提升，蓝筹股的市值可能会有所回落，两个市场会出现趋同的表现。A 股会呈现出港股化、美股化的特征，这是 A 股市场逐步走向成熟的过程。而 A 股市场散户投资者的占比会下降，虽然中间会出现反复，但下降的趋势不会改变。经过市场波动之后，很多散户投资者会通过买基金来进入市场，这是一个资本市场逐步发展成熟的过程，也就是去散户化的过程。

所以我一直建议大家拿出 60% 左右的资金买入一些优秀的基金产品，拿出 40% 左右的资金自己来炒股。当然，如果说你的选股能力强，能在资本市场获得超额收益，那把全部资金拿来炒股也是可以的。

所以对于大小盘风格轮动，近几年几乎没有太大的轮动，资金越来越偏好于一些白马股，特别是一些产业资本、保险资金、外资等，大量地抢筹中国的优质白马股。从 2019 年开始的未来十年，我认为中国 A 股市场将持续迎来黄金十年，而这十年里，优质的白龙马股将继续为大家带来超额回报。所以对于大小盘风格转换，我认为可以作为投资的参考，但是大部分资金仍然要配置在白龙马股上，只需阶段性地调整大小盘股的配置比例。比如，上一年，大盘股涨得太高了，超额收益太多，这时候你可以减掉一半、获利了结，转到小盘股上。通过这种仓位的调节、投资风格的转变，可以获取更好的投资回报，让你的收益更加稳定。

二、行业比较

我们把大的行业分成两类，第一类是周期性行业，第二类是非周期性行业。什么叫周期性行业？就是指这个行业的盈利情况、收入情况与宏观经济密切相关。经济好的时候，这个行业的业绩可能会超过预期；经济差的时候，这个行业可能会出现巨大的亏损。A 股市场的有色金属、煤炭、钢铁、化工、航运这些都属于强周期性行业，它们的周期特征非常明显。

在 2006 年、2007 年经济形势好的时候，这些行业的业绩不断地超预期，成为当时最牛的板块，这两年有色金属涨 10 倍以上的股票比比皆是，钢铁、煤炭也出现了大牛股。这些强周期性的行业，都是重工业化时代的结果。

值得注意的是，现在我国已经逐渐完成了重工业化，在逐渐地进行产业升级和转型，所以强周期性行业面临着产能过剩的问题，盈利也越来越难。近几年通过供给侧结构性改革，一定程度上改变了产能过剩的局面，但这些周期性行业的表现已经远远不如以前。所以我建议大家，投资时尽量少配置这些周期性行业。

对周期性行业的投资，我们要逆向思维，也就是在行业最差的时候、市盈率最高的时候去买，而在行业最好的时候要卖出。这一点，和投资于非周期性行业是完全不同的。比如，2015 年很多煤炭企业发不出工资，有色金属行业亏钱，很多钢铁厂关门，这些行业的盈利只有几分钱，很多公司就只有几分钱的业绩，有的甚至亏损。这时候市盈率是非常高的，也恰恰是这个行业可以抄底的时候，为什么呢？因为它已经到了最差的时候，随着国家采取一些措施，比如债转股、去产能、供给侧改革等方案，这些企业的状况会出现好转，盈利也会回升。边际好转的话，股价就会大幅上升。所以，我们看到在 2016 年大盘见底之后，这些周期股的反弹很好。

非周期性行业是一些和宏观经济的关系度不大的行业，最典型的是消费类的公司，比如白酒、医药、食品饮料、汽车、家电、旅游、酒店，在中国，房地产有时候也是一种非周期性行业。这些非周期性行业和宏观经济的关系度不大，比如经济形势好的时候人们吃饭喝酒，生病了要吃药，而经济不好的时候也需要，所以这些行业往往没有很明显的盈利波动特征，盈利是稳定增长的。

投资非周期性行业，我们就要选择一个好的时点来买入，我们主要盯着它的市盈率波动。比如，在它的市盈率低的时候，股价跌到比较低的位置时买进；等价格上去之后，市盈率高了，突破了历史的上限，那就可以卖了。对于非周期性行业，我们是根据市盈率的高低来判断高点和低点的。在对行业进行比较的时候，我们除了比较盈利能力，也要比较不同行业的特点。

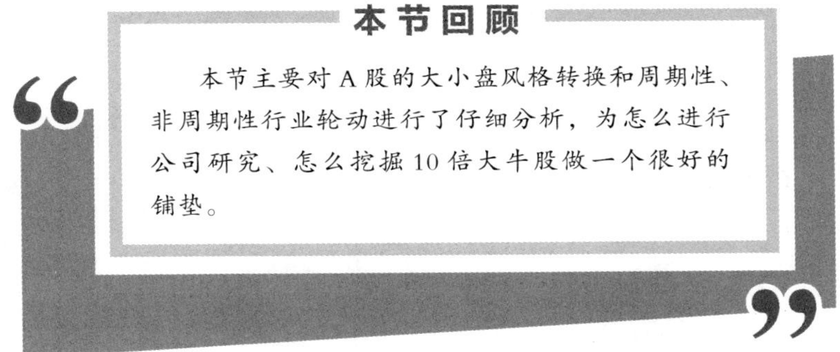

第12节 大消费时代，如何抓住投资机会

大消费时代，如何抓住长期投资机会？前面我已经多次强调，在我国经济转型的背景下，消费行业是未来增长最确定的行业。无论是受益于消费升级的高端消费品，还是受益于总量扩张的一般消费品，未来的盈利增长都是比较确定的。可以说消费股是可以拿着养老的品种。股神巴菲特在长期的投资中，几乎把大部分资产都配置在了消费股上，就是这个原因。巴菲特认为，消费股能够穿越经济周期，保持长期的盈利增长，所以投资于消费股跟住行业动向，我们才能抓住长期投资机会。

2016 年和 2017 年，白龙马股曾经出现了一波牛市的走势，其中大部分股票都是消费行业的股票。2018 年消费股遭到错杀，出现补跌，但是行情一稳定，这些被错杀的消费龙头股全部都被资金买回来，股价再创新高。2019 年，茅台的股价更是突破一千元，带动了整个白龙马股的上涨。从我 2016 年提出白龙马股的概念以来，白龙马股的表现已经获得了巨大的超额收益，给大家带来了很好的回报。而这些白龙马股中，大多数都是消费品。

在未来十年里，以消费为代表的白龙马股还是有很多机会的，它们的股价可能还会继续创新高，毕竟它们代表中国经济未来的转型方向。中国拥有世界上最多的人口，中产阶级的数量已经超过了 2 亿，可以说超过了很多国家的总人口数量。2 亿中产阶级将会带动消费的大增长，所以只要能做到在全国市场拥有一定的品牌，这个消费品就可能成为一个爆款，成为最值得投资的对象。而一些传统消费行业经过了几十年的激烈市场竞争之后，基本上胜负已分，行业龙头的股权价值将会越来越高。

比如白酒、医药、食品、饮料、旅游、酒店等传统的消费品，它们的行业龙头股的价值将来会越来越高，不可限量。在政策上，国家一直在出台政策来支持消费增长。2018 年 9 月，我国公布了《关于完善促进消费体制机制，进一步激发居民消费潜力的若干意见》，为促进消费提质升级绘制了蓝图。该意见指出，消费是最终需求，既是生产的最终目的和动力，又是人民对美好生活需求的直接体现，所以要在衣食住行多个领域的细分市场进行消费升级。

未来我们可以在消费领域找到很多明显的投资机会。

一、食品饮料行业

我们发现在消费行业里，90% 都是食品饮料公司，其中白酒的占比是最高的。食品饮料中一半以上都是白酒公司，这和我国居民的饮食习惯有关。白酒是具有中国特色的产品，所以白酒行业可以说是在中国经久不衰的一个行业。那么白酒行业的龙头股，比如茅老五，即茅台、泸州老窖、五粮液，它们的股权价值会越来越高。

茅台酒具有一个特性，放得时间越长，只要没有放坏，它的价格就会不断地上涨，每年都能获得一个稳定的回报。茅台酒放一年价格涨 30%，放五年涨一倍，放 15 年涨两倍。所以很多人投资茅台并不是为了喝，而是用来收藏的。也就是说，茅台酒实际上不能按一个消费品来估值，而是要按一个收藏品来估值。虽然五粮液、泸州老窖等白酒没有茅台这么高的收藏价值，但是也是放得越久越值钱。这也是白酒在 A 股市场受到资金追捧的一个原因。

其他食品饮料行业的公司，比如乳制品，它的龙头就是伊利和蒙牛；调味品，它的龙头是海天味业；肉制品，它的龙头是双汇。巴菲特很喜欢食品饮料行业，他投资了可口可乐、喜诗糖果等优质的食品饮料公司，获得了巨大的投资回报。巴菲特投资这些公司，是因为它们具有盈利稳定、现金流充沛、不太需要再投入等特性。比如可口可乐，它的一个配方用了 100 年，不用每年大量地投入研发，这就是一个好生意。

白酒也是一样，茅台一个配方一个酿造方法，可以用几十年、几百年甚至上千年。为什么说茅台是个好公司？因为它不需要大量的研发投入，其成本也非常低，这就导致茅台的毛利率非常高。对于我们做投资来说，这就是一个好行业、一个好公司。在 A 股市场上，食品饮料行业指数主要是中证食品饮料行业指数，这个指数 14 年的时间涨了大约 12 倍，将来势必还会进一步上行。如果加上分红收益，14 年的时间上涨了大约 15 倍，被看作 A 股收益最高的指数之一。

而我们熟知的白龙马股的总龙头茅台，股价从 2014 年年底的一百元涨到 2019 年年底的一千元，五年的时间翻了十倍。如果从上市算起，加上分红送股，18 年的时间，茅台的股价已经突破了 5000 元，回报率达到了惊人的 180 倍。而其他的白酒，比如五粮液、泸州老窖、洋河，股价也都涨了很多倍。再说一个生活中经常接触的企业，海天味业，这是一家做酱油的公司，股价从 2017 年 2 月的 30 元涨到了 2019 年 6 月的 100 元，两年半的时间翻了三倍。而安琪酵母同样是食品饮料行业，股价也涨了好几倍，创出历史新高。

为什么食品饮料行业在 A 股市场受到青睐？最主要的原因就是它和我们的生活息息相关。中国拥有世界上最大的消费市场，2018 年中国的消费总金额达到 38 万亿元，超过了美国，成为世界上最大的消费市场。更重要的是随着人民生活水平的提高，消费在进一步升级。老百姓想要安全卫生的食品饮料，想过健康的生活，自然就会买龙头公司的好产品，提高生活质量。

所以我们看到每次食品卫生安全出现问题之后，行业里最优质的公司反而能够发展得更好，会更受到资金的追捧。因为每次发生食品安全事件，消费者都会更加认可品牌，任何产品的价值都是成为生活的必需品。所以对于消费白马股，我们是买着放心，吃着舒心，投资开心。

二、家电家居行业

说起家电行业，大家一定会想到它的龙头股格力电器，同时想到其董事长董明珠当年和雷军的赌约。2013 年 12 月，在中国经济年度人物颁奖典礼上，小米集团董事长雷军喊话格力电器董事长董明珠：请全国人民作证，五年之内，如果小米的营业额击败格力的话，董明珠董总输我一块钱就行了。

董明珠立刻回答说，第一我告诉你不可能；第二要赌的不是一块钱，我跟你赌十个亿。这就是著名的格力和小米的 10 亿赌约。最终结果是谁赢了呢？根据小米集团 2018 年全年财报，总营业收入是 1749 亿元，利润是 86 亿元。2018 年格力电器的营业总收入是 2000 亿元，归属上市公司净利润是 262 亿元。两家公司的收入，一个是 1749 亿元，另一个是 2000 亿元；利润差距更大，一个是 86 亿元，另一个是 262 亿元。雷军与董明珠的五年赌约胜负立现。

小米作为一个后起之秀，能够在短短的五年之内有这么大的增长，已经不错了。格力则更胜一筹，从 2008 年到 2018 年，格力电器用实力证明了自己股票是十年翻十倍牛股的典范。随着人民生活水平的提高，特别是居住条件的改善，家电家居行业迎来了新的增长点，将来这个行业仍然有巨大的增长空间。

三、养老健康产业

最后要说的是养老健康，中国人口的老龄化正在加速加深。2017 年全国人口中 60 周岁及以上的老龄人口大约是 2.4 亿，其中 65 周岁以上的人有 1.58 亿。2019 年年底，我国老年人口达到 2.54 亿。到 2025 年，60 岁以上的人口将会突破 3 亿，像养老健康、医疗、户外运动、休闲运动、绿色食品，这些也都会有比较好的发展。所以我们可以关注养老健康这个板块。

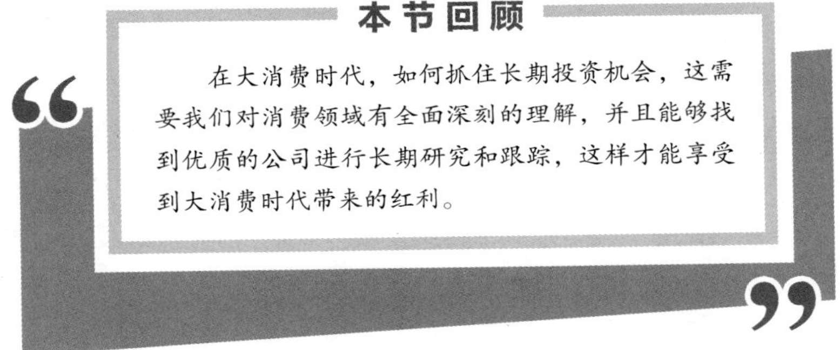

本节回顾

在大消费时代，如何抓住长期投资机会，这需要我们对消费领域有全面深刻的理解，并且能够找到优质的公司进行长期研究和跟踪，这样才能享受到大消费时代带来的红利。

第13节 科技创新，如何抓住新生产力机会

在科技创新发展新经济的背景下，如何抓住投资机会？我们知道科学技术是第一生产力，新技术的诞生就是推动社会经济增长的动力。改革开放40年，推动我国经济增长的主要是劳动力的投入以及资本的投入。现在技术的投入逐渐成为推动经济增长的第一要素。而现在我国人口红利逐步消失，劳动力的投入也基本已经达到了最大化，资本已经从原来的短缺变为过剩。

将来我国经济增长最重要的动力就是劳动生产率的提高，也就是技术进步。这几年一些科技龙头股，比如5G芯片、人工智能、新能源、新材料等，都有不错的表现，在未来十年也具有比较高的配置价值。

一、科技如何推动经济发展

首先我们回顾一下历史，看看历史上科学技术是如何推动经济发展的。这不免要说到近现代史上三次重大的科技革命。

18世纪末，蒸汽机的发明和使用引起了第一次科技革命；19

世纪末，电力的发现和使用引起了第二次科技革命。这两次科技革命改变了人们的生活方式，形成了新的世界格局。当然由于历史的原因，我国几乎没有参与。第一次科技革命和第二次科技革命，主要发生在英国等老牌资本主义国家。我们重点来讲第三次科技革命。

二战之后，先后出现了电脑、能源、新材料、空间生物等新兴技术，引起了第三次科技革命。而美国是第三次世界科技革命最大的受益国。反映在股市上，从 1900 年到 2019 年，美国标普指数从不到 10 个点上涨到 2000 点以上，是一个不折不扣的长期牛市，而推动美国股市不断上涨的正是第三次科技革命的成果。但其实从 1900 年到 1950 年的 50 年间，美股基本上是走平的，中间还发生了 1929 年的股市崩盘、大萧条，直到 1954 年，标普才突破了 1929 年大萧条的高点。二战之后的重建正好是美国整个制造业取代欧洲的黄金 20 年，标普指数从 1950 年到 1970 年一路上涨。这一波 20 年的牛市，改变了美国人和美国资本市场的命运，而正是美国引领的第三次科技革命，给美国股市带来了长达 20 年的大牛市。

二、纳斯达克市场创立

股神巴菲特在 20 世纪 70 年代成立了伯克希尔·哈撒韦投资公司，开创了一个新的时代，创造了投资上的神话。

1971 年，纳斯达克市场创立，不同于纽交所，纳斯达克是一个重点支持科技行业发展的市场，而纳斯达克综合指数是反映纳斯达克证券市场行情变化的股票价格平均指数，基本指数为100。纳斯达克上市公司涵盖所有新兴行业。比如，计算机软件、电信、生物技术、零售和批发贸易等。这些公司是美国发展最快的先进的公司，主要由美国的数百家发展最快的先进技术电信和生物公司组成，包括微软、英特尔、美国在线、雅虎这些家喻户晓的高科技公司，因而成为美国新经济的代名词。

1981年，纳斯达克指数涨到了200点。1998年，该指数涨了十倍，到了2000点。1999年秋天，科技的快速发展，将纳斯达克指数送上了火箭发射的通道。短短一年的时间，从1999年年底的2700点一直涨到2000年3月10日的顶峰5048.62点。之后美国互联网泡沫破裂，纳斯达克暴跌，最低跌到1000点。股市的暴跌实现了优胜劣汰，让一些蹭热点的非科技股的公司退出了市场甚至破产，而真正的好的科技股公司则成长起来。

在新的互联网技术推动下，雅虎、亚马逊等公司革命性地改变了人们获取信息、购买商品和获得服务的方式。虽然随后的十年纳斯达克指数才涨到2000点，但是亚马逊、雅虎、思科、微软等一批伟大的公司已经成长起来了，并给投资者带来了巨大的回报。而过去十年是全球第四次科技革命，无疑美国还是引领者，受益于第四次科技革命的成果，美国股市走了十年牛市，其中以微软、谷歌为代表的互联网科技巨头，再一次引领世界的潮流，股价不断创出新高，这就是技术的力量。

有一本非常有名的研究，关于美国经济增长的著作《美国增长的起落》，作者是美国西北大学的著名经济学家罗伯特·戈登。他在书中提出了一个被广泛认可的结论：技术进步是推动美国经济百年繁荣发展的核心动力。

三、创立创业板

现在我们不能错过第四次科技革命。中国资本市场同样要助力中国的技术进步和科技发展。首先是创立创业板，经过十年的准备，几经周折，2009 年 10 月 30 日，中国的创业板正式上市，主要目标就是为高科技企业提供融资渠道。

从 2013 年 7 月开始的创业板大牛市持续了两年时间，创业板指数涨了三倍，最高到 4000 点，中间出了不少科技牛股。比如掌趣科技、科大讯飞等公司的股价上涨了 5 到 10 倍。虽然在 2015 年股灾之后泡沫破裂，创业板指数出现了大幅下挫，但是真正的好的成长股却逆势上扬，而科技进步依然在持续。随着时代的发展，未来创业板里优质公司有望继续引领创业板指数上涨。所以对于新技术，我建议大家积极研究、持续跟踪。

四、创立科创板

第二件事就是创立科创板。科创板是推动科技创新的一个重要的力量，也是我国资本市场的大事。2019 年 6 月 13 日，科创板宣布正式开板，科创板首批公司在 7 月 22 日正式上市交易，中国资本市场迎来了新的发展阶段，科创板与主板、中小板、创业板一起构成中国多层次资本市场，为初创企业的发展提供了宝贵的资本。首批上市的25家公司，首日成交额超过了480亿元，平均涨幅超过140%，最高涨幅当天超过500%。可以说投资者对于科创板公司的投资热情非常高涨，科创板公司上市首日总市值就超过了5000亿元，造就了16家百亿元市值的上市公司，而中国通号更是突破了1000亿元的市值。

现在来看，科创板对标美国的纳斯达克，希望能建成中国版的纳斯达克，为中国的技术进步和科技发展助力。虽然不能说科创板上的公司都能够成功，但是其中有一些潜在的冠军，有一些可能会成长为伟大的公司，这一点值得我们深入地挖掘。拿5G行业来举例，5G开启了通信行业的新周期，一轮从设备到终端再到应用的更替大潮已经近在咫尺，这还只是行业内的新需求，拉动业内企业的增长。而以5G大数据边缘计算等新型信息技术为代表的新基建投资，也是国家正在积极推动的方向。

其中受益最大的一些公司，比如中兴通信、烽火通信、剑桥科技等，股价都出现了不同程度的上涨。而5G的龙头是华为，正是华为在5G方面的领先地位引起了美国的警觉。美国才采取各种办法来阻挠华为的发展，而美国打击华为的发展，并不会改变华为作为行业龙头的地位。在5G领域，华为已然是领跑者，也是中国值得骄傲的伟大的公司。

本节回顾

本节主要讲了科技创新对经济发展的推动作用。纵观历史，股市的上涨始终伴随着新技术的诞生和发展。现在全球处于第四次科技革命中，中国一定要抓住科技创新的机会，抓住新生产力的机会，才能抓住未来。深入挖掘创业板和科创板中优质的科技公司，选择有成长性的公司进行长期投资，我们才能够享受科技爆发的成果。

第 14 节

A 股黄金十年，最受益的行业是什么

在第一节，我们就已经从经济面、政策面和市场面三个角度分析得出了结论，从 2019 年开始 A 股将迎来黄金十年。从目前来看，中央政府对股市的定位提到了前所未有的战略高度。2019 年中央政治局集中学习指出，含股市在内的金融是国家核心竞争力的重要组成部分，定位可以说是前所未有的。一个繁荣的资本市场是推动经济发展和经济转型升级的最重要的力量。我国企业依赖银行贷款，一旦银行出贷惜贷，就会使很多企业资金链断裂，出现大面积的倒闭。

将来要想解决这个问题，就要提高直接融资比例，让企业通过发债或者发股票进行融资，没有一个繁荣的资本市场是无法实现的。所以我的观点很明确，就是一个繁荣的资本市场，是成为经济大国、世界大国的必不可少的一环。那么 A 股黄金十年，哪个行业与黄金十年最相关，最受益？毫无疑问应该是券商行业。为什么这么说？因为资本市场要发展壮大，首先需要发展的就是证券行业，而 A 股的黄金十年，最先受益的行业之一也是证券行业，所有炒股的人可以说对券商并不陌生，但对于券商做哪些具

体的业务，很多人可能就不熟悉了。

一、认识券商行业

我们先来了解一下券商到底从事哪些业务。券商的核心业务主要有三类：第一类是经济业务，就是为机构和个人投资者提供交易服务，收取交易佣金，这是最常见的、最常规的业务。第二类是投资银行业务，简称投行业务，也就是帮助企业融资，比如IPO 再融资、发行各种债券、资产证券化等业务，同时也会帮助上市公司开展收购兼并的业务。通过投行业务，券商可以收取手续费和服务费。第三类是投资类业务，包括自营和资产管理。所谓自营，就是证券公司用自己的钱来投资，而资产管理则是用客户的钱来投资，投资包括炒股和买债券等。券商通过投资类业务主要是赚取投资收益和管理费。

了解了券商的核心业务，我们就不难理解为什么 A 股黄金十年中最受益的行业有券商行业。发展股市除了国家战略重视、政府政策支持、高效监管之外，最重要的就是券商的发展和成熟。根据刚才介绍的券商的核心业务，我们知道券商是资本市场的核心中介服务机构，券商连接着监管部门、交易所、上市公司机构和个人投资者。不夸张地说，券商就是整个资本市场的神经中枢机构，券商的投行部门要找到最优质的公司保荐上市，上市以后还要帮助上市公司在资本市场上开展并购重组、再融资、资产证券化等业务，促进资本市场的产品多元化。

券商的经济部门要服务好机构投资者和个人投资者。一方面投资者交易促进股市的交易活跃度，而券商的资产管理部门和自营部门则直接参与二级市场的交易。因此股市要发展，券商要先行，这是股市未来发展壮大的重要基础。而股市在各方面力量的共同推动之下，逐步迎来黄金发展的时期，反过来又会直接促进券商行业的发展，直接利好券商。

道理非常简单，股市发展好了，会有更多的好公司愿意上市，愿意参与并购，直接带动券商投行业务的发展；股市发展好了，更多投资者愿意投资股市，更多资金涌入股市，交易量成倍地放大，直接带动券商经纪业务的发展；股市发展好了，券商的自营业务就更有可能赚钱，而资管业务也就有更多受托资金用于投资，管理费和业绩提成都会直接增加。所有上面这些因素都会直接促进券商业绩的增长，促进券商的发展壮大。我国证券行业经过近30年的发展，已经涌现出一批具有国际竞争力的公司，但是和美国头部的证券公司，比如高盛、摩根士丹坦利相比，仍然存在很大的差距。

中国作为世界第二大经济体，未来将会迎来经济的持续增长，这必然会给证券行业带来黄金发展期，作为牛市最大的受益者，券商必然有大发展的机会。为了扩大开放，进一步国际化，2020年全面放开金融业外资股比限制，比原计划提前一年。2020年开始，外资金融机构，包括券商、基金、寿险、信托等金融机构可以直接在中国设立全资子公司。

二、狼来了怎么办

狼来了，我们该怎么办？刚才谈到中国的证券公司虽然出现了一些龙头公司，获得了很大发展，但是和全球前五大投行相比差距非常大。当这些外资机构进入中国市场之后，我们怎么和它们竞争？这是我们要思考的问题。由于券商行业也有赢者通吃的规则，谁能够占据龙头地位，谁能够抓住行业发展的机会，最大化分享 A 股黄金十年的成果，而这些外资券商无疑会加大国内券商行业的竞争。

我相信未来几年中国证券行业将会发生重大的变化，一方面，会加快优胜劣汰兼并重组，从而做大做强头部券商，能有更大的实力和外资投资券商进行竞争，这一点将在市场化的机制下进行；另一方面，我国证券行业也会谋求各种方式来补充券商的资本金，提高资本实力，从而有资格和外资券商进行 PK。

可以说从 2019 年开始的十年是 A 股的黄金十年，也是中国券商业大发展的十年，有些券商已经有所动作了，比如一些头部的券商开始兼并收购一些中小券商，也有券商开始抛出员工持股计划，鼓励员工通过买入股份来分享中国证券行业的成长，将员工利益和公司利益绑定在一起。2019 年 3 月，中信证券公告，公司将启动中国证券史上前无古人的员工持股计划，数量会达到总股本的 10%，有效期十年。其通过信托计划直接在二级市场购买中信证券 A 股或者 H 股，每期股票锁定期不低于 24 个月。

2019 年中信证券的市值是 3100 亿元左右，也就是说增持计划价值高达300亿元。中信证券抛出史上最大的员工持股计划，轰动了整个证券行业。2018年年底，中国平安抛出千亿元回购，一度引起市场热议，提振了市场投资者的信心。而这次中信证券抛出价值300亿元的员工持股计划，体现出中信证券对于未来行情的看好，员工持股计划是通过真金白银在二级市场增持，这释放了非常积极的信号，也验证了我一直坚定看好券商股的观点。

三、券商行业是好行业

最后结合之前讲过的好行业的标准，来看一下券商行业究竟算不算好行业。大家还记得好行业的三大标准吗？对，就是有行业增速、有行业壁垒、有行业积累这三个标准。

先看行业增速：和国际巨头相比，我国的券商行业发展还处于初级阶段，未来的发展空间非常大，算是朝阳行业。随着A股黄金十年的到来，未来券商行业的盈利增长非常可观。

再看行业壁垒：在我国，券商牌照就是最核心的金融牌照之一，也是最稀缺、最值钱的牌照之一。同时，券商作为资金密集型行业，对资本金、运营资金的要求都非常高，形成了很高的资金壁垒。仅牌照和资金这两个方面就对券商行业形成了很深的技术壁垒，也就是形成了护城河。

最后看行业积累：券商作为现代金融的核心行业，对品牌、人才、业务规模的积累都是长期形成的，做得时间越长，做得越好，积累和沉淀就越厚重，这也是券商核心竞争力的重要组成部分。

因此，券商行业完全符合好行业的标准。

本节回顾

A股黄金十年，需要券商的大力发展作为基础，反过来，股市繁荣又会带动券商行业的业务和盈利的增长。我国的券商行业与国际同行相比，还有很大的发展空间。随着对外资券商的放开，会形成明显的鲶鱼效应。虽然行业竞争会加剧，但是吹尽黄沙始见金，这会使中国的券商行业真正地发展起来，与国际巨头进行竞争。未来十年我国会产生几家在国际上有影响力的头部券商，另外，券商行业也完全符合好行业的三大标准。因此，A股的黄金十年最受益的行业之一无疑就是券商行业，特别是头部券商。

第15节

【案例】白酒和医药，不同行业收益差距有多大

前面我们分别分析了消费、科技和券商这几个行业的投资逻辑。现在我们用案例分析的方式来看一看，选择好行业和差行业到底有多大区别。

前面我们详细分析了大消费时代的投资机会，但即使是我们看好的大消费行业，其中的细分行业也比较多，不同行业之间的投资差别依然非常大。比如，白酒和医药这两个行业，都是大消费行业中的重要细分行业。如果在2018年下半年，我们同时选择这两个行业投资，结果会怎么样？

一、白酒行业

白酒是国内大消费行业最好的赛道之一，与其他消费品不同，白酒的消费场景包括礼品消费、社交消费以及投资消费三大类。白酒特殊的消费特性，决定了行业龙头公司具有相对稳定的增长，以及较强的提价能力。虽然也会有一定的周期波动，但是从长周期来看，量价提升带来的收入和利润年均复合增速的良好表现，是白酒行业持续取得超额收益的核心驱动因素。

白酒行业也曾经陷入低迷期。随着我国限制公款消费，白酒行业从 2012 年到 2015 年经历了巨大的调整，飞天茅台的价格跌了近一半，基本上大部分白酒公司都处于略微盈利甚至亏损的状态。但是随着人们整体生活水平的提高，以及打假带来的白酒真实消费的提升，白酒整体生产的限制，渠道中的高库存慢慢被消化。

从 2015 年开始，以茅台、五粮液、泸州老窖为代表的一线白酒开始出现供不应求的状况。2017 年，高端白酒的消费变得越来越紧俏，相关上市公司的股价也随之不断地创出历史新高，给投资者带来了巨大的回报。

这一轮白酒周期可以大致归纳为以下三个原因：第一，消费结构发生了改变，高端白酒慢慢地变为以商务和普通消费为主。白酒行业整体销售处于下降期，但是高质量的白酒销量却非常好，也就是说受益于消费升级；第二，渠道库存出清，渠道里积累的库存越来越少，而相对的产能扩张非常有限，供需矛盾进一步突出，这带来了白酒价格的上涨；第三，品牌集中度越来越明显，高端白酒占比基本接近 95%，次高端白酒的集中度也明显加强，行业建设格局越来越明显，导致大部分白酒类上市公司都有肉吃，而行业龙头股更是赚得盆满钵满。

上述的白酒行业特点和发展阶段，支撑了整个行业盈利水平的提高，白酒的股价也出现了大幅上涨。从 2018 年下半年至 2019 年年底，白酒行业指数已经涨了 2.2 倍以上，五粮液股价涨了 3 倍，泸州老窖股价涨了 2.5 倍，茅台股价也翻了一番，突破了一千元整数大关。可以说，如果 2018 年下半年选择投资白酒行业，那你到 2019 年年底就会至少赚一倍。

二、医药行业

我们再来看看医药行业。虽然同属于大的消费行业，但是医药和白酒有明显的不同：第一，从消费者需求来看，医药行业虽然也是刚需，但它受监管和政策的影响比较大；第二，从投资者角度，我们对医药和白酒的熟悉程度完全不同，白酒与我们的日常生活息息相关，各种品牌的白酒在各大商超随处可见，对销售情况以及品牌美誉度我们是有切身感受的，而医药行业则是一个非常专业的领域，我们对医药行业的感知相对于白酒来说就要小得多。

接下来我们详细分析一下最近一年多来医药行业的发展状况。这里我们首先要看医改，医改也是我国重要的一个改革措施，最终目的是让人看得起病。2018 年 5 月 31 日，国家新的医疗保障局正式挂牌成立。在此之前很长一段时间，我国对药品的招标采购定价是这样管理的：发改委管定价、人社保部管医保目录、卫计委管招标采购，最后由医保资金来付钱。这种格局是典型的花钱的谈不了价格，也管不了花钱买的啥药。在众所周知的原因之下，医保资金的压力越来越大，这样长期下去，医保资金就会收支不平衡，亏空会越来越大。

为什么？因为中国已经步入老龄化社会，而且有加速的趋势。老年人数量的激增，对医保资金是极大的负担。在这种严峻的局面下，国家成立了集三保合一和四权合一于一体的医保局。所谓三保合一，就是新农合、城镇职工与居民医保生育保险合一；四权合一是指招标采购、药品定价、医保目录、医保控费合一。这是由国家深改小组通过的顶层设计方案。医保局成立不到半年，就祭出了带量采购试点的大刀，砍向医药行业。

这次试点的目的有四个，一是药品降价体制，说白了以前的药品质量差、价格高，降药价是试点的第一个目的；二是药品行业转型升级，规范流通秩序，净化行业生态。意思是说企业要把心思放在研发上，而不是销售上，没有研发能力的企业势必面临淘汰出局的风险；三是公立医院深化改革，改变药品带金销售的模式，净化行业环境；四是医保资金减负增效，通过前三点的效应，减轻人民群众医药费用负担，提高医保使用效率。

其中第一点和第二点是核心，这么做是非常有利于人民群众的。但是在资本市场上却不一样，以降价换采购量，也就是带量采购，实际上让一大批医药股在二级市场崩盘，手里有医药股的人基本上都没有逃过暴跌。

例如，康美药业从 1100 亿元市值缩水到 140 亿元，步长药业从 1000 亿元缩水到 220 亿元，华大基因从 1000 亿元缩水到 230 亿元，可以说医保局的一纸令下，让医药行业的估值逻辑发生了根本性的改变。在此之前，只要你是一家医药生产企业，在二级市场就能享受 30 倍、40 倍甚至更高的估值水平。而现在，如果一家医药企业没有过硬的研发能力，大概率只能享受化工行业的估值，而化工行业估值中枢长期来看就是 10 倍左右。

因此，医药行业的暴跌是正常反应，带量采购以价换量后量多了，但企业的利润不一定会多。等试点结束，在全国推广的时候，大概率还有一轮杀跌。那些带量采购后利润不能实现增长的公司，二级市场的股价可能还会继续下跌，这一点要注意。当然，资本市场也是公平的，带量采购虽然让整个医药板块大跌，但是一些真正拥有强大研发能力的医药公司，比如一些中药龙头股、创新药的龙头股，还会继续享受估值溢价，股价下跌之后很快就会涨回来，甚至以后会继续创新高。

我们知道医药行业是容易出大牛股的行业，但是其细分行业众多，光子行业就有化学制品、中药生物制品、医药商业、医疗器械等，2019 年时共有 300 多只股票。同一个细分子行业的个股之间，业绩也是良莠不齐，差异非常大。我们要想把医药行业研究清楚，相比于简单易懂的白酒行业，实在是太难了。所以很多医药行业的研究员，都是医药专业毕业的学生，或者是从业很多年的医生转行过来的。之前我在南方基金的一个医药行业的研究员，做了十几年的医生，这说明医药行业的研究专业要求确实很高。

因此，无论从监管政策影响方面，还是从行业复杂度方面，医药行业都是应该谨慎投资的行业。如果你不能深入地了解这个行业的逻辑以及行业特性，最好不要投。当然，对于一些像中药龙头、创新药龙头，或者是流通行业龙头公司、医药公司也有长期的投资机会。但是从最近爆雷的东阿阿胶可以看出来，医药行业的水还是很深的。东阿阿胶一直被视为白龙马股，而这一次突然爆出库存高企、业绩暴跌确实让人大跌眼镜，这进一步显示出对医药行业的投资要谨慎，一定要从基本面进行研究，了解行业的投资逻辑和行业特性，否则可能下一个爆雷的就是你投的那只医药股。

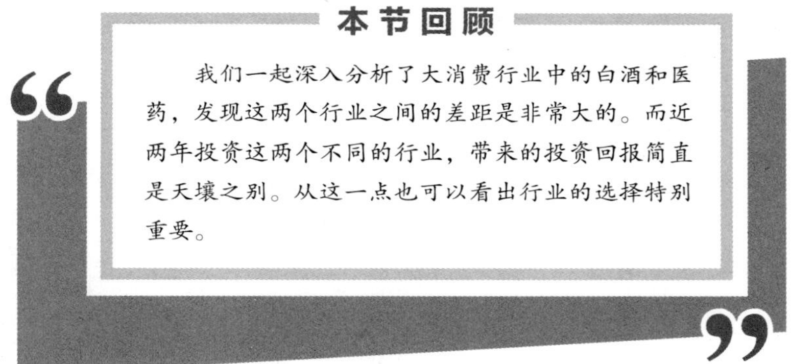

本节回顾

我们一起深入分析了大消费行业中的白酒和医药，发现这两个行业之间的差距是非常大的。而近两年投资这两个不同的行业，带来的投资回报简直是天壤之别。从这一点也可以看出行业的选择特别重要。

※ 找到能穿越牛熊的好公司 ※

第16节
穿越牛熊的好公司，具有五项典型特征

前面我们一直在围绕如何挑选好的行业来进行讨论，接下来我们将进入挑选公司的模块。从这一节开始，我们来讲讲好公司有哪些共同的特征。

我们常说一个公司能够穿越牛熊周期，指的就是即使经历了熊市，它的市值还能够不断创新高，不断上涨，就算中间有曲折，在经过曲折之后，也会达到新的巅峰。比如从2011年到2019年，虽然指数从2700点涨到5178点，之后又回落到2900点。但这八年之中，很多好公司的股价都翻倍了，甚至像茅台这样的公司股价涨了十倍。这些公司就是我们想要寻找的穿越牛熊的好公司。

一、公司业绩持续高速增长

任何一个好的公司都应该处在一个有好前景的行业之中，保证业绩能够持续高速增长。

格力电器就是典型代表。格力上市的前八年一直都是宽幅震荡，并没有出现超级牛股的特征。但在这八年中一直都有高送转

和高分红，这说明格力这些年现金流充裕。2005 年以后，房地产行业进入高速发展期，带动家电行业快速发展，加上经过激烈的自由竞争之后，行业格局逐步明朗。格力、美的、海尔逐步形成寡头垄断的格局。相应地，格力的利润进入到高速增长期，股价也进入高速增长期。1997 年到 2017 年是我国 GDP 高速增长期，格力就随着经济的增长以及行业格局的稳定而成为超级牛股。那么从未来 5 到 10 年来看，房地产销售增速肯定会放缓，家电行业的整体增速也会放缓，这样格力业绩高增长的阶段可能就会告一段落。但是同时也会有其他的行业增长加速。在这些高速增长的行业中，找到业绩持续增长的公司，就有可能发现超级牛股。

二、有一定的核心竞争力

每家好的公司都有自己的核心竞争力，有的是技术，有的是市场，还有的是客户。核心竞争力就是保护企业持续发展的护城河。长期牛股一定会形成自己的护城河，让其他企业很难在短时间内进行模仿和超越。比如 2007 年到 2017 年这十年间，医药行业的龙头恒瑞医药股价涨了 1572%，就是因为恒瑞医药是国内创新药研发龙头，而创新药的高倍的研发构成了公司强大的护城河。同样，贵州茅台的生产工艺与流程，以及多年经营形成的深入人心的品牌营销，使之被视为国酒，形成了它独特的壁垒，所以其他白酒品牌很难超越它，这也是茅台的护城河。这样的好公司，随着时间推移，它的投资价值会越来越高，也会得到市场更多的认可，股价不断地创出历史新高，也就很好理解了。

三、低估值

再好的公司如果估值过高，也将失去投资价值。比如 2001 年美国互联网泡沫，就是因为当时互联网公司的估值吹得太高，导致很多互联网公司业绩增长无法跟上股价，最后泡沫破裂，跌得一地鸡毛。而好的公司一旦有低估值，可以说就有大的机会。比如 2015 年股灾之后，很多优质公司出现了超跌现象，中国平安股价一度跌到 30 元左右，这时就是抄底等待估值恢复的好时机。

股神巴菲特曾说，股灾是上帝送给价值投资者的礼物。2017 年表现最好的是低估值的价值股，这些价值股在市场资金越来越认可的情况下，实现了企业盈利和估值的戴维斯双击，股价不断地创出新高，给持股的投资者带来了巨大的超额回报。

而 2018 年以来，在政府重视创新金融去杠杆的政策环境下，估值提升之后的优秀成长型企业的上行空间也打开了。特别是 2019 年 7 月 22 日，科创板正式开始交易，带动了一波科技股行情。相信未来几年低估值的成长股、科技龙头股还会持续上涨。

四、良好的企业管理

好的企业通常有优秀的管理层，可以进行良好的企业管理。巴菲特非常看重管理层的能力和素质，他认为管理层的品质是最重要的。选好的企业就是选择好的管理层，优秀的管理层更关注企业长期的发展，而不拘泥于追求短期利益，因此会进行更加完善和稳健的管理，也会为企业积累足够的资本，吸纳优秀的人才。而良好的企业管理可以增强企业的运营效率，让企业有明确的发展方向，使每个员工都能够充分发挥自己的潜能。同时，良好的企业管理可以使企业财务清晰，资本结构合理，投融资恰当，为客户提供满意的产品和服务，更好地树立企业形象，为社会多做实际贡献，这些都是企业长期向上发展的基石。

另外，优秀的企业管理者还懂得在企业经营的过程中，尽量不制造负面新闻。A 股就有一些企业，因为管理层特别是董事长的个人行为不当，造成公司市值大跌，甚至退市。

五、机构扎堆、高度锁仓

一家优秀的企业会吸引无数资金进入，资本是主力的，大量机构锁仓会出现高度控股的特征。我们有时候会看到一些优秀的股票，前十大股东中有很多机构投资者，包括社保基金、证金公司、险资、公募基金、私募基金等。通常这些机构持股数量多，持股时间长；而有些优秀的公司，本身股东就很珍惜自己的股份，因为他们知道自己的公司非常优秀，所以不会轻易减持。

而有一些公司管理层认为自己的公司没有太大的前景，或者估值过高，所以在市场上急于抛售套现，一旦解禁就大比例套现，甚至清仓式减持，对这样的公司就要高度小心。想想看，像白酒医药里面的大牛股，哪个不是机构扎堆持仓？茅台和恒瑞是公认的穿越牛熊的股票，它们的主要投资者都是机构投资者，每次开股东大会，甚至会来上千名机构投资者的代表。

具备上述五个特点的公司，我们要多加关注，也许它就是未来的长牛股。虽然不同的公司处在不同的行业、不同的时代，会有不同的特征，但万变不离其宗，抓住以上五个特点，至少可以筛选出一批好的公司。当然好的公司的股票不一定是一路上涨的，遇到股灾的时候，好公司的股票也会大跌。对于价值投资者来说，这就是考验投资者心态的时候。如果你真的对公司的商业模式有信心，对公司管理层有信心，对行业趋势的判断比较准确。那么股灾实际上是给你提供了一个低价买入好公司的机会。

所以在历次股灾中，股神巴菲特都疯狂地低吸一些优质的股票，每次股灾反而成为价值投资者的狂欢。其实股灾的时候，正是考验大家是不是真正做价值投资的时候，而 A 股投资者经常会犯一个错误，那就是因为市场短期的波动而放弃了长期的持股。

华尔街曾有一句名言，不要因为便宜而买入一些垃圾公司，也不要因为短期价格下跌而卖掉一个优秀的公司。说的就是这个现象。为什么在股灾的时候，很多投资者拿不住好股票，错过了超级牛股呢？归根结底还是因为之前功课没有做扎实，研究工作没有做到位，对公司没有信心，不敢坚定持股，所以信心是建立在深入了解的基础上的。

本节回顾

本节主要讲了可以穿越牛熊的优质公司的五个特征：公司业绩持续高速增长，有一定的核心竞争力，低估值，良好的企业管理和机构扎堆、高度锁仓。

第 17 节 如何找到十倍大牛股

上一节我们讲了穿越牛熊周期的股票具有的特征，这一节我们就来讲讲如何发现十倍大牛股，怎样寻找超级牛股，以及怎样才能像巴菲特那样可以在一个股票上赚成千上万倍。在我国做投资持有股票超过十年的人少之又少，我们不能指望有一个股票几十年能赚几十倍甚至上百倍，只要能找到十倍牛股，其实就是很好的投资了。那么我们该怎么去研究这些上市公司呢？

我们需要寻找能够在风口上的牛股，在不同的时代，牛股的特征是不一样的。在汽车进家庭的时候，汽车股就是牛股。在 A 股刚诞生的 1991 年，我国处于物质匮乏时期，百货股的表现比较牛，而近几年处于经济转型期，新兴产业更容易产生牛股。所以在不同的阶段，牛股的特征是不一样的，这一点大家一定要认识清楚。

基金公司研究一只股票，很少去看技术图形，因为很多时候技术图形会误导人，很多看技术的人往往会被一些图形蒙蔽。我并不是说做技术分析一定不行或者不重要，而是说做投资并准备长期持有的公司，一定要做深入的研究，去买入好的公司，做它的股东，而不要只是凭一个消息或者看技术图形就去随便买入一些垃圾股。

我们先来了解一下基金公司是怎么做公司研究的。基金公司一般会把研究分成各个行业，让行业研究员进行逐个研究。根据一些分类标准，不同的基金公司会把行业分成不同的行业类型，一般是 26 到 30 个行业，每个行业会分配给 1 到 2 个研究员。研究员会首先进行行业的分析，看这个行业发展的趋势，然后对行业里的重点公司进行实地调查，通过阅读上市公司的年报、季报以及外部券商研究员的报告，来综合分析公司的价值。研究员会根据上市公司的财务报表来看一些关键指标，例如存货周转率、收入增长率、利润增长率、毛利率净利率、ROELA 等。

看这些指标可以分析一个公司的财务报表是否健康，公司的发展是否具有可持续性。通过财务报表分析，发现有价值的公司之后，研究员会做一个分析公司财务报表的模型，根据过去 3 到 5 年的财务数据，加上自己对这个行业发展、公司发展的判断，以及预测的数据，做一个未来 3 到 5 年的盈利预测。这是一个技术活，非常考验研究员的财务功底。如果会计没有学好三张报表，可能花一周的时间都调不平，而预测未来更考验一个研究员对于一个行业前景的把握，可以说能够做好盈利预测是一个研究员的基本功底。

研究员发现了好股票，就会向基金经理推荐，但是基金经理也不是照单全收，他会有自己的判断。一般来说，基金经理有更多的投资经验，他会根据市场行情、行业轮动以及自身的经验，加上对这个公司的了解，来决定是买还是卖，什么时候买，什么时候卖。只有基金经理很认可的公司，才会真正地大量买入。当然，当一个公司股价被高估的时候，研究员也会建议基金经理卖出。现在基金公司一般实行的是基金经理负责制，最终是由基金经理来做投资决策的。

研究员推荐的股票会进入股票池，一般基金公司会把股票池分为三类，第一类是核心股票池，第二类是普通股票池，第三类是禁买池。例如，一些 ST 公司或者一些出过问题的公司会被放在禁买池，每一个进入核心池和普通池的股票，都要有研究报告做支撑，而不能随随便便地加入股票池，这样可以从一定程度上避免投资踩雷或者出现较大的投资风险。近几年，很多投资者有点惨烈，爆雷的公司数量大幅增长。如果能够在事前对相关上市公司的财务报表进行深入的分析，往往能够避免踩雷，可以避开大部分的暴利公司。

所以从这一点来看，深入研究公司基本面，看懂企业的财务报表非常重要。通过建立股票池制度，基金公司就可以在事前控制风险。当然股票池的管理是动态的，如果发现一个公司的基本面发生了变化，可能就会被移出股票池。每个投资者的精力都有限，不可能覆盖所有的公司，也不可能去看所有公司的年报。我建议大家选择 5 到 10 家自己熟悉的公司，作为自己的股票池，长期跟踪这些公司基本面股价的变化，反复在这些公司上进行投资操作，这样更容易赚钱。

我们在前几节讲了一些行业分析的模型和方法，比如波特五力模型等，你可以利用这些模型来分析行业和公司是否有投资价值。下面我们来看一些具体公司的案例，看看哪些股票能够成为十倍牛股。我举的第一个例子是中国中车，很多人把它叫作“中国神车”。这只股票在 2015 年的大牛市里表现非常突出。当时南车和北车合并产生了中国中车，南北车的合并是国企改革的一部分，而我国的高铁战略又是这届政府重点推动的战略。可以说这个行业当时处在一个风口上，中国中车的市值一度超过波音飞机，短短的一年之内股价上涨了八倍，被投资者称为“中国神车”。

其实在合并之前，高铁已经是中国重要的战略。李克强总理在国外访问的时候，都不忘记推荐我国的高铁技术，甚至有人开玩笑地说，总理成了我国高铁的代言人。我国高铁出口量非常大，在未来的发展前景非常好。而通过南北车合并，我们就可以一致对外，而不是自己和自己竞争，这样的话更容易提高出口的利润率。当然，中国中车涨幅过大之后产生了一定的泡沫，又加上 2015 年下半年发生了股灾，股价暴跌，几乎被打回原形。在前期上涨的时候，如果能够在南北车合并之前或者合并之后马上买入的话，投资者可以获得巨大的回报。

而后来追高的投资者却亏了大钱。这也告诉我们，第一个吃螃蟹的人往往是可以赚到钱的。而跟风炒作的投资者恰恰是为前面的投资者买单。当时很多人都去追捧中国中车，甚至有一种说法说中国中车就是中国的波音。其实我们知道，当你听到谁说一家公司是我国的什么公司的时候，一般来说市场对公司的估值就是太高了，过度追捧，这个公司的股价离见顶就不远了。这也给我们一个很大的警示。

我们再来看看 2015 年另一个上涨的股票乐视网。乐视网其实在股价十几块钱的时候就有很多人关注了，乐视网的创始人贾跃亭给大家讲了一个非常大的故事，很多人把它看作创业英雄，股价出现了大幅上涨，市值超过千亿。而乐视网的战略就是不断地扩大经营，甚至通过跨界经营来做大市值。虽然当时有人对于乐视网的这种扩张手段提出了质疑，但是并未影响它的股价，最高到了接近 180 元。随后公司资金链断裂，甚至资不抵债，而贾跃亭也逃到了美国，很多投资者高呼上当。当年十倍牛股突然暴跌，最后股价跌到了两三块钱。

所以大家对于价值投资的理解一定要到位。在寻找牛股的时候，一定要看这个公司是不是给你讲了一个故事，它的故事能不能兑现。对于一些纯讲故事而不能兑现的公司，我们一定要在高位时把它卖掉，或者压根就不买这个股票。我们要想赚到十倍牛股的钱，就要买真正的好公司。投资大师索罗斯有一句名言：所谓的投资就像一场盛宴，在盛宴的时候，你可以和大家一起享用这个声音，但一定要众人皆醉我独醒，要保持清醒的头脑，不要被所谓的声音迷惑，在深夜结束之前要离场。

他说的这句话虽然不完全对，但一定程度上适合 A 股市场。因为 A 股市场有很多这样的公司，给投资者描绘了一个很美好的蓝图，特别是一些中小公司，但是最终不能兑现，结果股价怎么涨上去又怎么跌回来。刚才为大家讲的这些案例，实际上都是成长没有兑现的公司，所以股价最后都跌回来了。真正的长期牛股取决于公司的业绩能够持续增长。说到长期牛股，我第一个想到的就是万科。近两年的宝万之争让万科处于风口浪尖上，万科是在中国资本市场正式开通之后上市的第二只股票，所以它的代码是 000002。

其实在万科刚上市的时候，它仅仅是深圳的一家小的地产公司，而现在经过王石、郁亮等一批企业家的经营，万科已经成为世界上最大的住宅公司，而万科的股价从上市到现在，加上分红和送股涨了一千倍，但是很少有投资者能够长期持有万科。而万科有一个很大的流通股股东，姓刘，从万科上市之后就一直持有到现在，个人股票的价值从几十万元涨到了几亿元。这个投资者是怎么做到的呢？说来很有意思，该投资者起初并不是想长期持有万科的，它仅仅是打新股，而当时由于它的资金来源问题，他持有的万科股份被认定为法人股。

我们知道，在股权分置改革之前，法人股是不能上市流通的，也就是说，他持有的万科股份不能卖掉。后来他屡次去找监管部门沟通，也没办法把手中的万科股份卖掉，就这样被动地做了股东，然后被动地成为亿万富翁。能够几十年持有一只股票，还是被动长期持有的，是否也很有意思？这也确实说明长期持股非常考验一个人的信心和眼光。有的时候你曾经拥有过十倍牛股，发现过十倍牛股，但是市场一波动，你可能就把它卖掉了。有人开玩笑地说，持股比守寡还难，这不无道理。

记得在 2015 年牛市的时候，很多人都会说一句话，风来了猪都会飞。但是我们要记住另一句话，风走了，猪就会掉下来，只有吃饱的鸟才会继续飞。而那些绩差股就是那些猪，像万科、茅台这样的好公司，就是有翅膀的鸟。在股灾之后，那些绩差股都跌到了地板上，甚至跌到退市，而万科、茅台这些优质的公司股价却创出历史新高。所以我们要选择长期牛股，选择十倍牛股，最重要的就是要在长期稳定增长的行业中选择龙头公司，这样才能安享财富增长。

本节回顾

本节主要讲了一些识别和研究牛股的方法，只有非常认真地进行基本面研究，了解牛股特征并建立股票池，才能够找到真正的牛股，而对于一些处于风口上的所谓牛股，一定要在高位时兑现利润，否则很可能被打回原形。我们要善于分辨哪些是短期牛股，哪些是长期牛股，对于短期牛股一定要在盛宴结束之前及时退场，否则你的收益很可能会损失殆尽。从长远的角度来看，还是长期牛股更适合价值投资者持有。

第18节 如何投资才能取得超额收益

怎样投资才能取得超额收益？首先要确定超额收益的标准，不同投资人的资产配置结构形成长期预期收益。一般来讲，超额收益指的是超出这种长期预期收益的状态。这个过程是一种主动出击的状态，但也是阶段性的状态。所以投资人在决定采用这种状态前，需要有一个比较基准，也就是说，需要有一个基本判断，即超额是相当于什么。

这样你才可以进一步思考，最终做出是否要主动出击，捕捉市场机会。对自身长期资产配置策略的风险和收益的深度理解，也在很大程度上影响了对于优势机会的判断。一般来说，长期的战略性的资产配置做得越好，潜在的收益越高，那么投资人对市场机会的要求越严格，交易胜率会越高，这样投资人更容易呈现不动如山的状态，也就是通过长期持有，而对于短期市场波动不会做出反应。其次，获得超额收益需要做好资产配置和趋势判断。

一、资产配置

在中国做大类资产配置，最重要的就是对股票仓位的配置。

因为A股的波动率很大，约每年超过40%，而债券的波动率大约只有4%，也就是说，A股股票的波动率是债券的十倍。你配置债券获得了几个点的超额收益，可能对于股票配置来说，一天的跌幅就全部抵消了。所以在A股做大类资产配置，90%的超额收益是由股票资产配置比例决定的。但是很多普通投资人缺乏对股票大势的判断能力，所以很多投资者只能选择买基金，让基金经理帮他们选择仓位。

于是国内发行了很多不同类型的基金。按照规定，股票型基金最低仓位要80%，而混合型基金则比较灵活，仓位可以从0到95%。A股市场经常大起大落，这导致有80%最低仓位限制的股票型基金操作空间比较小，特别是在股市单边下跌的时候，难以通过快速减仓来规避风险。因此，很多基金公司倾向于发行混合型基金，又叫灵活配置型基金，甚至有些股票型基金为了规避80%的最低仓位限制，通过修改基金合同，把股票型基金转为混合型基金。

美国股票波动率很低，一年只有10%，而债券的波动率是4%，两者的差别不大。2019年之前的十年乃至三十年，美国的股市都是单边上扬的。所以在美国你无法通过股票的仓位控制来获得很多的超额收益，更重要的是选择股票，而对于股票和债券的资产配置比例同样重要。中美股市之间的差别导致大类资产配置的方法不同，则A股做好大类资产配置，你的核心任务就是判断好股票市场的走势，这是获取超额收益的最主要来源。

二、仓位管理

决定你的投资组合超额收益的最关键因素是仓位管理。就像一些地产公司的广告反复强调的一样，地段，还是地段。也就是说，影响房价的因素有很多，但是地段是最重要的。这很容易理解。比如，深圳中心区的房价比关外的房价高一倍，甚至2到3倍，而深圳的房价比内地二三线城市的房价可能高 5 到 10 倍。而在 A 股市场上决定你投资成败的往往是仓位，也就是股票的配置比例。所以我反复强调，在 A 股做投资关键就是要对仓位进行控制，仓位的控制相当于事前的风险管理，投资人要看到风险控制的价值，要制定严格的交易纪律，具体如何做仓位管理，我会在后面专门介绍。

我们做了一个测算，以 2013 年到 2016 年这三年的基金平均仓位作为权重，用指数基金的表现作为投资标的，我们通过仓位控制获得的超额收益达到了 80%，最大回撤也控制在 10% 以内，远远跑赢大多数投资者。可见对于仓位的控制有多么重要。很多有经验的股民永远都不会满仓，都会留有一定的现金仓位，等到看好的股票跌了，他不会伤心而会开心。因为这时候可以以更便宜的价格多买一点筹码，如果再跌就再多买一点，以降低持股成本，这样等它涨的时候就可以赚到大钱了。当然，敢于越跌越买的前提是，你对股票研究透了，你确认它的价格远低于它的价值，也就是说，这个公司被低估了，这时可以采取越跌越买的策略。

如果你对一个股票不了解，它跌了之后，你不知道它的价格有没有被低估，而是越跌越买，有可能最后买成了股东，满仓被套。所以我们是否采取越跌越买的策略，关键取决于你对你所买的公司有没有信心，有没有研究透，有没有准确定价。我们知道资本市场最重要的核心就是定价，英语叫作 PS。很多 A 股投资者在股灾发生之后，把自己的签名档都改了，改成“多家上市公司股东”来进行自嘲，为什么？因为他买的公司大跌了，被动做了股东。

如果你买的是万科、茅台，或者格力这些好的公司的股票，那么你做它的股东是幸福的事情。你只要有信心有毅力，长期持有，股价还会创新高，你做它的股东不仅不会吃亏，而且会占大便宜。根本的差别就是很多投资者买的是垃圾股，不是这些白龙马股。有人说我的股票被套之后，我只要有耐心持有到下一个牛市，我就可以解套，这是有可能的。因为大牛市来的时候相当于风来了，所有的股票都会涨，只是涨幅不同。但是这种齐涨齐跌的牛市现在越来越少了。

现在一种分化的牛市。即使在以前那种齐涨齐跌的牛市里，有的投资人在 2007 年 6000 点的高点追的股票，一直拿了八年，到 2015 年大牛市时终于解套了，而他股票解套的时候，别人已经赚了好几倍。也就是说，他为了一个股票解套，错过了整个大牛市。更糟糕的是解套之后又没舍得卖，结果 2015 年下半年发生了股灾，再次被套。

前海开源基金之所以敢于在 2015 年 5 月把仓位降下来，正是我们深入研究了当时市场的特点，包括估值高企，创业板的估值达到 120 倍，超过了 2001 年美国科网泡沫破裂时候的市盈率。

而当时政策也发生了很大的变化，从之前允许加杠杆、鼓励加杠杆到去杠杆，政府开始清查场外配资，这一轮有资金推动的牛市，杠杆推动的牛市，它的基础已经不存在了，市场就会从之前的大涨变为大跌。由于 2015 年 5 月出现了全民炒股，很多投资者都加了杠杆，一旦去杠杆就会造成踩踏式下跌。这也正是我们后来看到的事情。为了避险，我们在当时选择了高位减仓甚至清仓。

而直到 2016 年春节前后，市场经过了三轮下跌，经过了熔断之后，很多人已经绝望了，扛不住了，甚至很多人说大盘要跌到一千多点，一些普通投资者在黎明前进行了割肉。其实这时候市场已经有了见底的迹象，沪深 300 的市盈率跌破了十倍，两市的成交量不足 3000 亿，而基金发行失败，这一系列的指标都显示大盘已经见底。

这时候前海开源基金结束了长达九个月的空仓期，全面加仓，仓位直接从 10% 提到 90%，因为当时沪深 300 已经跌破了十倍，而创业板指数还有 60 倍的市盈率。也就是说，沪深 300 已经到底，而创业板指数并没有到底，所以我们全面加仓了沪深股，而没有加小盘股。当年，前海开源金银珠宝基金获得了全国基金的第一名，能取得这个成绩，一方面是我们通过高位减仓低位抄底，赚到了超额收益；另一方面是因为我们选择了黄金，享受了 2016 年上半年黄金的牛市。特别是在 2016 年 6 月发生了黑天鹅事件：英国脱欧，黄金价格大涨，带动了基金净值的快速上升。

本节回顾

要想在A股投资中获得超额收益，需要确定超额收益的标准，做好大类资产配置，并且研判市场趋势。当你判断好市场大势之后，做好仓位管理，通过仓位管理来获得超额收益，这样你就可以击败市场，战胜大多数投资者。

第19节 如何在静态信息和动态信息中提取价值要点

在讲这个问题之前，我先讲个小故事，据说当年9·11事件发生之前，美国政府已经不止一次收到情报，说会有针对美国的恐怖袭击，甚至有的情报提到过要用飞机作为攻击武器，可惜当时根本没人关注。

为什么这么重要的信息都会被政府忽略呢？因为类似的信息太多了，他们每天都会收到上万条信息，这样大量的噪声掩盖了有用的信息，结果导致了悲剧的发生。在物理学和电子技术的应用中，信号指的是为了能够实现有效的沟通与控制，而有特定目的地去传递信息。噪声就是对信号的干扰，从而会影响传递信息的可靠性。

为什么要说这些？其实我们所讨论的投资，也是基于一套精密的决策系统，投资的决策也需要有效的信号来支撑，而噪声会影响你的投资决策，甚至会让你做出完全相反的决策，最终导致投资失败。

一、静态信息

那么在投资里的信号是什么？噪声又是什么呢？在投资中正

确的信号通常是指有效的静态信息。我们在前面几节中所讲的价值投资的核心理念，首先要回答一个问题，这家公司做的是不是一门好生意？好生意就是赚钱容易的生意。比如，茅台。茅台的商业模式很简单，赚钱也很容易。不就是粮食加水吗？茅台做的是好生意。这个结论就是静态信息，不会说今天是好生意，明天就变成坏生意了。

判断一家公司的生意是不是好生意，我们可以从三个方面来看：

第一，企业的业务是否长期稳定，是否能够长期保持。这决定了企业是否有良好的长期发展前景；**第二，企业的业务是否具有经济特许权**。经济特许权是企业的核心资产，是企业持续取得超额利润的关键所在；**第三，企业是否具有成本优势**。这决定了企业的运营效率和现金流状况。这三个判断依据，都是公司多年经营所形成的竞争优势，是不断积累沉淀的，长期来看，也是相对静态的信息。

二、动态信息

什么是动态信息？无论我们从媒体上看到的信息，还是从一些研究报告中得到的信息，大部分都属于动态信息。这些所谓的动态信息主要分为三大类。**首先是公司层面的，无非就是利好和利空**，比如公司短期业绩的波动，管理层的调整，公司在资本市场的动作，包括分红、送股、回购股票、管理层套现等；**其次是市场层面的**，包括市场的波动，资金的流入，流出板块的轮动，外围市场的涨跌等；**最后是宏观层面的，**主要是国家的宏观政策调控措施，包括货币政策、财政政策，以及美联储的加息减息等。

这些动态信息很多就是噪声，而不是信号。除了这些公开的噪声，你可能还会听到周围人的噪声。什么今天张三买了个涨停板，明天李四在股市上赚了翻倍的收益等，这些噪声会对你产生不同程度的影响，甚至会直接影响你的投资决策。

有人说守股比守寡还难，说的就是即使你买了一只好股票，如果你不断地受到外界的干扰，每天都有人诱惑你换成涨停的股票，这时候你往往是拿不住的。

三、主要关注静态信息而非动态信息

从上面我们说的关于静态信息和动态信息的描述中不难看出，作为价值投资者，应该主要关注静态信息，而不是动态信息。而很多人恰恰相反，天天忙着去搜集一些动态信息，而不去关注公司的基本面，也不去研究静态信息，结果导致舍本逐末，抓不住要领。

很多人都以为投资赚不到钱是因为缺乏消息。事实正好相反，正是因为上面这些噪声，消息太多，才让你无所适从或者盲目行动。就像 9·11 事件一样，在众多的噪声中，你根本不可能注意到关键信息。

市场上充斥着太多的动态信息，传统媒体、互联网媒体、自媒体纷纷发布各种的其实是噪声的动态信息。即使专业机构，包括很多的卖方研究报告，也是过多地关注公司的动态信息，对静态信息的分析却远远不够。

所以我在看研究报告的时候，更喜欢看公司的深度报告，也就是分析公司基本面的报告，而不是看那些动态点评，包括公司有什么短期的变化，或者公司短期的消息。这些信息对公司的长期价值没有任何的影响，它只会影响投资者的情绪，影响短期价格的波动。

作为普通投资者，如果你对动态信息过度关注、过度敏感，而对静态信息研究得不够深、不够透，对静态信息的理解把握不够，就不容易做到坚持。很容易被各种各样的动态信息干扰，形成噪声，结果就是影响自己的投资决策，最后一定会带来不好的投资结果，相信很多人都感同身受。

四、静态信息和动态信息都是相对的

当然，静态信息和动态信息是相对而言的，不是绝对静止的。静态信息的内在价值是公司在长期经营中逐步形成并确定的，需要我们不断地去深入理解和把握。

但是动态信息也不全部都是噪声，也有可能是有效的信号。那么怎样在充满动态信息甚至噪声的世界里找到有效的信号？我给你三点建议：

第一，要保持开放的态度，在日新月异的时代，你一定要对世界的变化保持敏感。因为当噪声越来越多的时候，可能需要更敏感的雷达才能捕捉到那些信号。所以作为投资者，无论今天处在什么样的位置，都需要保持开放的心态。即使股神巴菲特，也是非常开放的。虽然他远离华尔街的喧嚣，偏居在奥马哈的小镇上，他也不看股市行情，但是巴菲特每天大量的时间都是在阅读，包括阅读《华尔街日报》等报纸以及上市公司的财报，以他独有的方式保持对变化的敏感。

第二，要保持长期觉知的能力。为什么这么说呢？因为有效的信号从来都不是某天突然来到你的门口，你需要通过开放的态度，培养对有效信息的觉知能力，才能够高效地去芜存菁，自动过滤掉无效的噪声，发现有效的信号。在投资中保持长期的觉知能力很重要。因为只有长期对信号进行观察和理解，才可能在某一天捕捉到真正属于你的信号，从而帮你做出正确的投资决策。

第三，要有发现变化的敏锐。我们要从不断变化的动态信息中发现其中的一些规律，这些有规律的动态信息甚至噪声，有可能是有用的信号。

比如，企业的财报也是动态信息，我们对企业的价值判断，一部分是基于对过去一段时间内的财务报表的研究得出的结论。对当下来说，季报、半年报、年报都属于动态信息。我们对企业内在价值的判断，不应该基于某个季报甚至年报，而做出改变性的判断。但是，如果这个公司连续几个季度的财报都显示某个指标，比如利润率呈现出趋势性的下降，就应该引起足够的重视，这有可能成为价值变化的信号，而不是噪声。

根据价值投资的原理，我们研究一个投资标的，应该是越研究越简单、越清晰。也就是它的静态信息越稳定，就像A股的茅台和巴菲特投资的可口可乐，简单到几乎人人都明白，几乎多年都没有什么变化。茅台酒的配方100年不会变，甚至1000年也不会变。可口可乐的配方同样100年不会变，这样企业就不需要不断地去投入研发新的配方，那么企业就是一门好生意。道家的鼻祖老子讲，道生一，一生二，二生三，三生万物，其中的“一”就是投资决策的核心依据。反过来说，随着动态信息的不断增加，对静态信息的认知也在不断变化，这样的静态信息可能就不是我们真正寻找的那个“一”，这就要修正我们的决策。

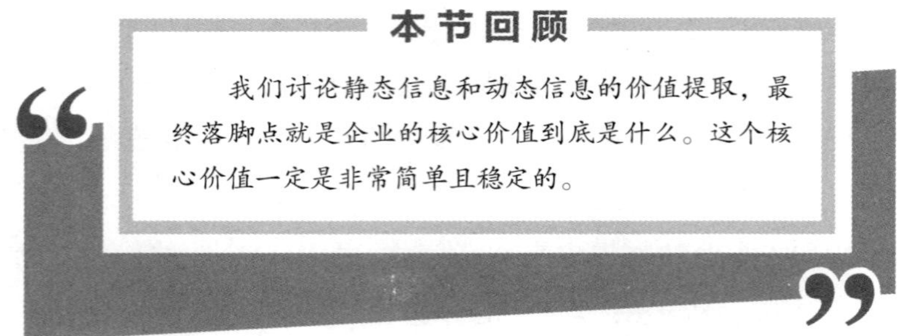

第20节 科创板中有哪些普通人可以抓的投资机会

科创板中，普通投资人有哪些可以抓住的投资机会？在讲这个问题之前，我先简单地介绍一下科创板的情况。

一、了解科创板

2019年7月22日是科创板开板的第一天，可以说是非常有历史意义的一天。当天，25只科创板新股集体亮相，平均涨幅达到140%，涨幅最大的一只股票盘中涨了500%，换手率更是高达78%，这表明投资者对科创板股票的追捧非常热烈。

而78%的换手率说明多空分歧比较大，投资者对于科创板股票的定价仍然莫衷一是。而从成交额来看，科创板开板第一天的成交额就达到了480亿元，其中中国通号当天成交量破百亿元，也是全市场成交额最大的一只股票，这表明科创板交易非常活跃。

由于科创板的特点和特定的交易机制，一开板就吸引了很多资金流入进行交易。当天主板和中小创都出现了一定的调整。**很多人担心，随着科创板股票发行得越来越多，对于主板和中小创**

的资金分流作用会不会很大?

我认为这种资金分流作用是短期的，从长期来看，其实资金分流作用并不大。因为科创板其实是对主板和中小创的一个有效补充，它们针对的是不同阶段的企业。比如，主板和中小创针对的是成长期和成熟期的企业，而科创板主要针对的是初创企业，它们是我国多层次资本市场的重要组成部分。所以科创板的推出，对于主板和中小创的资金分流作用不应该夸大。

我国设立科创板的目的就是对标美国的纳斯达克。纳斯达克是世界上最成功的创业板，它之所以成功，就是因为从纳斯达克走出了一批伟大的公司，如苹果、思科、微软、亚马逊等。那么中国的科创板能不能建成中国版纳斯达克？能不能也走出一批伟大的企业呢?

这既需要制度的保障，比如完善的退市制度和惩罚机制，让造假者损害中小投资者利益的行为受到沉重的打击；也需要选出一批优秀的上市公司种子。因为上市公司是资本市场的基石，只有上市公司优秀、能长期成长，才能够给大家带来长期的回报。

在退市制度方面，科创板是非常严格的。根据规定列举了多条退市的条件，已上市的科创板公司一旦触犯了这些退市条件，可能会直接退市，这样才能实现优胜劣汰。

黄沙吹尽始见金，让好的公司留在市场上，让业绩差的公司直接退市，防止发生劣币驱逐良币的现象。通过这样的大浪淘沙，科创板将会留下来更多的好公司。

科创板作为培育科技创新企业的沃土，在投资上具备高风险、高收益的特征。**由于很多公司处于初创期，还没有形成稳定的盈利，甚至没有稳定的盈利模式，那么对于买股票的估值就存在着非常大的分歧。**在发行制度方面，科创板试点注册制，采取询价的方式来确定公司的发行价，取消了 23 倍市盈率的限制，这是一个成功的改革。

因为对于初创企业来说，它还没有盈利，甚至是亏损的。这时候采取市盈率低点的方法本身就是不合理的。**所以对于很多科创企业来说，估值方法应该是灵活多样的，不应该使用市盈率这一种方法。**有的券商已经用多种估值方法来进行估值，包括 PS（市销率）、DCF（现金流折现）、EV/EBITDA（企业价值倍数）等估值；也有一些通过另类的估值方法，比如对于互联网企业，我们要看它的流量、用户数，对于科技企业，我们要看它有没有核心的科技、门槛等。

二、挖掘黑马不容易

但是无论哪一种估值方法，其实都无法准确地定义公司的真实价值。那么你能比别人获得更高的投资回报，就是因为你的估值方法可能更接近公司的真实价值。**当然，我们看科创企业是否有投资价值，它现在的价格高不高，很大程度上取决于这个公司将来的成长能不能兑现。**如果将来它的业绩能够持续增长的话，现在的价格就不贵；如果公司未来经营不下去，甚至破产，那么现在的价格可能就是高的。所以从这一点来看，不能静态地去看待科创板股票的估值，而要用动态的眼光来看，抓住将来有高成长的科创板股票，其实相当于挖掘黑马。

对一般人来说，挖掘黑马的成功率确实比较低，它对投资人的眼光有很高的要求，需要从众多股票中把将来能够成长为大公司的股票挑选出来。由于科创板是科创企业，很多企业有没有冠军相还难以看出来。打个比方，就像你在幼儿园里选择将来的天才，这个难度确实是挺大的。除非是一些早慧的儿童，而早慧的儿童将来能不能成才也存在变数，比如王安石笔下的方仲永。所以对于普通投资人来说，投资扩张板的风险是偏大的。当然，高风险也意味着可能获得高收益，关键取决于你对科创板股票能不能用一个正确的方法来投资。

三、科创板投资方法

我认为投资于科创板，更像一级市场的投资，而不是二级市场。我们知道一级市场股权的投资方法，你投资这个公司，你不一定能退出来。投资一级市场往往要投资十个左右的企业，至少也要投资五家左右，这样的话能从中选择一家将来能够成功的公司。即使其他几家投资失败了，由于投资成功了一家，获得的收益巨大，完全能够抵消损失的成本。所以投科创板就要像一级市场去投资。

由于科创板投资的风险较大，上交所对科创板提出了两个要求：一是要求投资者要有 50 万元的可投资资金，二是要有两年证券投资经验。

因此，只有 300 多万户是满足条件的，大量投资者都不满足要求。而这些投资者还想去分享科创板的红利，怎么办呢？**有一个不错的方式，普通投资者可以通过购买公募基金产品来参与科创板投资，**现在公募基金产品的门槛已经降得很低，以前是一千元，现在几乎降到了十元。经过批准设立的扩展板基金，既有混合型基金，又有股票型基金。根据规定，股票型基金要有 80% 的最低权益仓位。也就是说，股票型基金的资产要有 80% 配置在股票上，混合型基金则没有仓位的限制，其仓位比例可以从 0 到 95%。

很多人对基金仓位的限制存在一些误解。比如，前海开源基金在 2015 年 5 月全面减仓，将仓位降到 10% 以下，可能投资者就有疑问了，不是说股票型基金要有 80% 的最低权益仓位吗？怎么能降到 10% 以下呢？其实我们降到 10% 以下的基金，多数都是没有仓位要求的混合型基金。而股票型基金要想降到 80% 以下是不可能的，因为这不符合规定。

另外，这次审批的科创板基金有的名字并不直接叫科创板基金，而是叫科技创新基金。这两者有什么区别？一般来说，**科创板基金是指基金资产至少占 80% 以上，甚至全部投资科创板股票。**

但是科技创新基金的基金资产可以投向科创板股票，也可以投资于主板、中小板和创业板上同类型的股票。所以科技创新基金的投资范围更广，可以看作广义科创板基金，为投资者提供了相对比较多的选择。

四、投资科创板三原则

对一般的普通投资人来说，如果希望投资科创板，我给大家提出三个原则：

第一，总量控制，投资科创板股票或者科创板基金的资金量不超过个人可投资资金量的20%。俗话说，小赌怡情，大赌伤身。通过严格控制投资的资金比例，可以从根本上控制风险。这样既可享受科创板的收益，又能规避价格大幅波动的风险。

第二，采取分散投资的方法。刚才我给大家讲过，投资科创买股票更像一级市场投资，**尽量要分散到5只以上股票进行投资。**因为这些科创板上市公司多数都属于初创期的企业，个股选择难度很大，一般人很难具备筛选优质标的的能力，甚至那些公司董事长都不知道他们将来能不能成功。很多时候，这个公司能不能成功，是不由人的。可能需要机遇，也需要不断地投入资金，很多互联网公司是否能成功，甚至取决于它的钱能不能支撑下去。如果后续资金不够，公司很可能就经营不下去。所以采取分散化投资的方法，可以比较好地规避个股风险，提高投资科创板成功的概率。

当然，如果你投资的是科创板基金，就不用考虑分散的问题了。因为基金本身就是分散投资的，将来还会陆续推出科创板指数，建议你可以积极关注一些指数基金。对于想投资科创板，又不会挑选个股的人来说，除了买科创板基金之外，可以关注科创板指数，通过配置指数的方式来分享科创板整体的成长性，这样一方面可以规避个股的风险，分享整个板块的收益。**同时指数 ETF 因为费率比较低，所以也可以把它当作一个做大波段的工具。**比如，当指数较低的时候买入它，等到指数涨得多的时候再卖出去，这样就是一个很好的投资工具。

第三，如果你还是决定自己去做科创板的股票投资，一定要深入研究想要投资的科创板股票，尽量投资自己能够看得懂，或者能够理解它的商业模式和盈利情况的科创板股票，这样既能提高投资成功的概率，也能降低投资的风险。

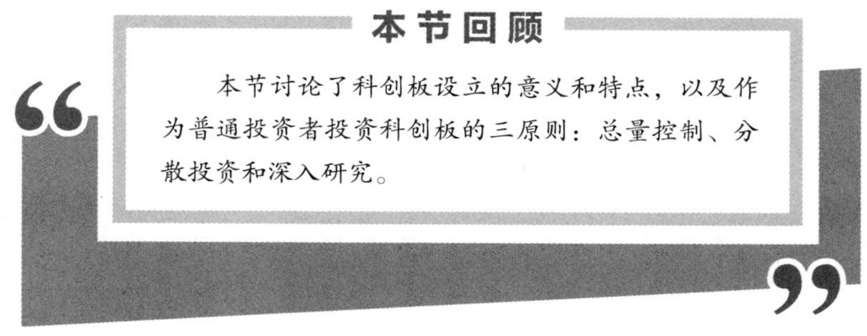

本节回顾

本节讨论了科创板设立的意义和特点，以及作为普通投资者投资科创板的三原则：总量控制、分散投资和深入研究。

第21节 什么样的股票是能够一直持有可以用来养老的

本节我准备给大家讲一个跟每个人的未来关系比较大的话题，也就是养老。虽然我们绝大多数人都在缴纳养老保险，但是随着我国人均寿命的增加，需要社会供养的老人越来越多，而年轻人相对于老年人来说，数量变得越来越少，特别是由于计划生育的影响，几乎有两代人都是独生子女。

这就使这些独生子女长大之后要赡养的老人数量非常多，甚至夫妻两个要赡养八位老人，这意味着什么呢？也就是说，不工作的人越来越多，而且老人的寿命越来越长，整个社会的养老压力越来越大，社会养老金将出现巨大缺口。根据世界银行公布的统计报告，2020 年，中国的退休金缺口将达到 1.1 万亿元，2025 年，退休金的缺口将进一步扩大到 3.8 万亿元。在社会养老金不够用的时候，我们只能靠自己。

当然不是说靠自己老了还要工作，而是要用投资获取的财富来养老。前几年有人提出以房养老，但是遭到了很多人的质疑。未来养老的这种需求，是一个长期的需求，所以需要选择能够长期带来稳定增长的股票。这样的话，首先排除的就是一些股价波动大的周期类股票。因为周期性行业是和经济周期密切相关的。当经济好的时候，周期性行业的盈利大幅增长，股价也大幅上行。但是一旦经济下行，公司的盈利就会大幅萎缩。所以这些周期性股票，比如钢铁、化工、有色、煤炭等，很难通过长期持有来获得稳定回报，甚至有可能在股价下跌的时候血本无归。

一、白龙马股

我认为真正值得长期持有，可以用来养老，甚至可以实现代际传承的最佳选择是白龙马股。所谓白龙马股，顾名思义，就是白马股加行业龙头，这是我在 2016 年提出来的概念。白马股是指现有业务具备很强的盈利能力；而龙头就是指公司在行业中的地位，是真正具有行业竞争力、具备品牌价值和行业定价权的公司。

在经济增速下行的时候，各行各业都会有明显头部效应。行业龙头在行业低迷的时候，不仅不会受到影响，而且可以趁机扩大市场份额，抵御市场的波动，因此白龙马股是真正具有投资价值的股票。从外资流入的方向也可以看出，外资大量流入的股票并不是大家认为便宜的股票或者价格大跌的股票，而是价格并不便宜的白龙马股。比如，茅台、伊利、格力、美的等。

我一直号召大家多学习外资如何投资，他们在海外市场已经摸爬滚打了很多年，愿意选择这些价格并不便宜的白马股，为什么？因为在他们眼里，这些是中国经济中有价值的股票，是真正值得长期持有的股票。中国经济现在已经从高速增长阶段进入高质量中速增长阶段，各行各业都面临着下行的压力，这时候行业龙头的优势就非常明显。并不是说在经济不好的时候，行业龙头的盈利不会下滑，而是说它下滑得少，并且由于行业龙头具有独特的优势，也有大量的现金，所以在行业低迷的时候，它可以趁机收购一些小公司，从而在下一轮经济周期向上的时候，获得更大的优势。

因此，抓住行业龙头股的投资机会，就是真正抓住了分享中国经济增长的机会。可见，选择白龙马股就是做价值投资的一种表现。前面我已经讲过价值投资的本质，就是要求大家选择好的行业、好的公司，做它的股东，分享企业的成长，只有这样你才能获得长期稳定的回报，才能一直持有可以用来养老。

二、如何选白龙马股

我们应该如何选择白龙马股呢？首先要选择那些未来能够持续增长的行业。前面我已经讲过，在目前的经济状况下，能够持续增长的行业或者领域，主要有三个方面：一是大消费，二是金融，三是科技龙头。尤其是大消费，已经成为A股市场上涨的重要推动力。

2016年以来，我一直给大家推荐消费板块，因为我认为消费是中国最有增长潜力、增速最稳定的行业。中国拥有世界上最多的人口，拥有世界上最大的消费市场。中国中产阶级的数量超过了很多国家的总人口。中产阶级他们的消费升级会带来品牌消费品股价的上升。海底捞在香港上市之后，股价翻番，市值超过

2000 亿元，而它的创始人张勇夫妇的身价达到了几百亿元，晋级到中国最富有的人群里，为什么？就是因为他抓住了中国快速增长的消费行业。

作为普通投资者，你长期持有消费类龙头股，就可以抵御市场的波动，获取长期的增值，分享消费升级的红利。而更重要的是消费龙头股的持有者是不用关心市场波动的，因为消费股的盈利稳定，即使大盘有波动，消费股的波动也不大，你可以拿得住，可以睡得着觉。不像一些周期股，跌的时候股价腰斩甚至跌 80%，你睡觉都不踏实，甚至第二天一醒来发现股票跌停。

所以我对于消费股的看法是最坚定的。在大消费领域中，我反复推荐的行业包括白酒、食品饮料、消费、电子、旅游、酒店，以及一些品牌的医药龙头，这些板块都具备比较大的增长机会。选好了消费行业的白龙马股，接下来该怎么操作呢？我们知道大部分投资者都有个习惯，就是喜欢做波段，总想低买高卖。做波段的前提是你能够把握股票短期的波动趋势，但是这一点几乎只有上帝能够做到。因为股票短期的波动太大，受到影响的因素太多，几乎无法把握。如果你想通过做波段来获取超额收益，也就是说你想战胜市场，那么你要比大多数人聪明，还要假设其他人都没想对。比如，你想卖的最高点，或者你在低点抄底，那么为什么这个点是高点，为什么那个点是低点？为什么别人要这么高的价格还在买？为什么别人这么低的价格还在卖？或者说到了这个价格之后你去抄底，为什么别人就不会再继续砸？

事实上通过做短线赚钱的人，无异于接飞刀，难度是非常高的。而买入消费股，你是不需要做波段的。比如，你持有茅台这样的股票，就可以一直持有，把它拿来作为养老产品投资。我并不是推荐茅台，而是推荐像茅台这样的白龙马股，它不断增长的盈利以及公司巨大的护城河，会让它的股价不断地创新高。虽然中间有波动，但是你可以不用管它。比如，茅台从上市到2019年，大概18年时间涨了180倍，中间你不用做任何波段都能够赚到这180倍，但如果你做了波段，可能连十倍都赚不到，甚至亏钱。

针对白龙马股，我觉得做波段的意义不大，甚至有可能会因为做波段错过上涨的机会。这就像吃鱼一样。白龙马股是一条大鱼，我们可以从头吃到尾，一直持有。如果你做波段，你又吃了一段，甚至可能被鱼刺卡着。我们持有白龙马股，即使不考虑股价的持续上涨，只是享受每年的分红，投资回报都是很可观的。更重要的是我们拿着这些白龙马股票，可以非常安心。即使遇到金融危机，这些股票跟着大盘回调，最终股价也会创新高。

这里我们不得不再次提到股神巴菲特。股神巴菲特之所以能够在过去55年赚2万倍的回报，实际上他的独家秘籍就是长期持有白龙马股，像他重仓的可口可乐、吉列剃须刀、布鲁克斯跑鞋股票等都是消费品，而这些消费品是会穿越经济周期的。巴菲特为什么买可口可乐？他说可口可乐的商业模式很简单，卖一罐可乐赚几美分都可以算出来，所以我睡得很踏实。有人问他为什么买吉列剃须刀，巴菲特很幽默地说“每天晚上我睡觉的时候，想起全世界的男人的胡子都在刷刷地长，我就很踏实”。

经济好的时候，人们要消费，经济不好的时候，人们也要消费。这就像白酒一样，经济好的时候大家要喝酒，经济不好的时候更要喝酒，借酒消愁嘛！正是因为巴菲特长期持有这些优秀的品牌消费品，才让他成为股神。这一点我觉得值得所有 A 股投资者学习。而作为普通的投资人，很多人最大的资金损失就是在不断地换手中，在不断地高买低卖中，越换手资金越少，越割肉资金越少。当然，要做到持有一只股票十年以上也是相当不容易的。否则，许多早年买入万科、茅台、格力股票的投资者早就实现财务自由了，但事实上能够做到长期持有的真的是凤毛麟角。

三、调整心态

怎么做才能够长期持有看好的白龙马股？我认为最主要的还是要调整好心态，从根本上做好长期持股的心理准备。巴菲特说，如果一只股票你不准备持有十年的话，你压根一分钟都不要持有，也是这个意思。调整心态需要注意以下四点：

第一，要减小投机心态，一定要树立理性的投资理念，不要为股价的小涨小跌所动，不要让投资成为投机，不要把长线变成短线操作。

第二，要改变浮躁心态，做长线投资人要有一种等待的耐心，股价有一定涨幅之后，既要敢于持股，又要敢于在跌的时候低位补仓，坚定自己的长线投资理念。

第三，需要保持头脑冷静，独立判断。一部分长线投资人容易受到某些利空消息的影响感到恐慌，对股市或者自己手中的股票失去信心，结果导致最终拼命抛售手中的股票。还有一些投资者会误信一些利好消息，这样往往会上一些别有用心的主力庄家的当。所以我再次建议你做长线的话，一定要保持冷静的头脑，客观地分析各类消息的真实性，切忌盲目恐慌杀跌。这也就是我们前面讲到的要关注静态信息，对动态信息不要过于敏感。

最后，千万不要频繁操作。做长线投资，切忌在市场上追涨杀跌，频繁操作，这样只会给证券公司打工，自己最后只能获得一点蝇头小利，同时加大了投资亏损的风险。

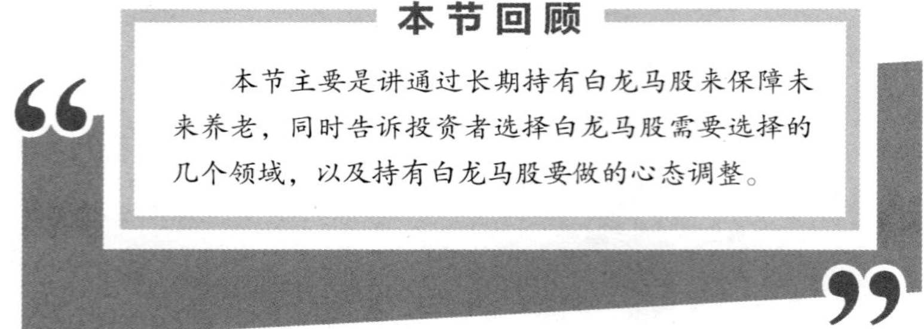

第22节 如何挖掘科技行业细分龙头

上一节我们讲了以养老为目的，如何选择长期持有的白龙马股，我建议大家关注大消费领域的白马股以及行业龙头股。这一节我们聊聊我看好的行业，也就是科技行业。

一、抓住科技行业的机会

科技行业涵盖的范围非常广，科技是第一生产力。科技创新对经济发展的推动作用非常大，特别是现在全球处于第四次科技革命时代。事实上2019年前的十年，美股的十年牛市就是由美国的前五大科技股带来的。而这十年，美股的涨幅中科技股贡献了70%以上，可见抓住科技股的机会，就能抓住新生产力的机会，能够抓住未来，这样的话就可以在科技行业的投资中获得好的回报。

正是大量的技术进步，改变了我们的生活，改变了我们的获利模式。我们看到这几年，中国已经发生了很大的变化，传统商场几乎门可罗雀，乏人问津。而电商发展起来了，像阿里、京东。现在我们在街上遇到最多的人是送快递的，可以说现在新技术已经改变了我们的生活，但是很可惜，像百度、阿里、腾讯、京东，以及近几年崛起的美团、拼多多，都不在A股市场上市，A股市场更多的是被金融、能源、地产、消费等传统行业占据了。可以说，A股市场错失了这十年经济转型的机会。

A股投资者没有享受到科技进步以及经济转型带来的收益，相反却承担了经济转型的成本。这些转型的代价，转型淘汰的行业还都在A股市场上市。这一定程度上也能解释为什么在过去十几年时间，上证指数止步不前，仍然在两三千点附近。现在我们不能错过下一个阿里、下一个腾讯，科创板的设立，就是为了防止未来我们再错过科技领域的机会。近几年发生的中美贸易摩擦，虽然对我国的出口造成了影响，但是对我们的科技进步反而是一个促进，可能是个好事，它会倒逼国家更加重视科技投入，重视科技企业的发展。因为只有科技进步了，我们才能不受制于人。

美国打压华为、中兴，正是因为它们在科技上处于领先地位，特别是华为的5G技术在全球领先，这让美国感到恐慌。一旦华为在5G领先，将来在6G、7G也是领先的。正是美国的打压，让我们更进一步认识到一定要发展核心科技，一定不能受制于人。一个小小的芯片，已经让中兴通信这么大的公司面临着关门的风险，它上游上千家公司不得不停业，最后交了近100亿元的罚款，才能继续从美国进口芯片。

而华为因为在之前就做了很多备案，芯片上开发了麒麟芯片，一定程度上可以替代进口的芯片，更重要的是在操作系统上，为了摆脱对安卓的过度依赖，华为经过十几年的投入，终于发布了鸿蒙操作系统，可以说从根本上改变了中国在智能手机方面的劣势。我们对进口的软件和硬件的依赖度都在减少。当然，中国的科技水平和美国相比还有很大的差距，但是我们像华为这样优秀的公司已经走在 5G 领域的世界前列。另外，一些其他的科技细分行业，比如人工智能大数据、大疆无人机、新能源、新材料以及基因检测等领域，中国企业已经获得了一定的技术优势。

2019 年 8 月 18 日，中共中央国务院发布了《支持深圳建设中国特色社会主义先行示范区的意见》，提出研究完善创业板发行上市再融资和并购重组制度，创造条件推动注册制改革，支持深圳建设 5G、人工智能、生命信息与生物医药实验室等重大创新载体等，体现出中央对于深圳的支持，对于深圳作为科技创新中心的支持，这无疑会进一步加强深圳在科技创新方面的优势，让深圳名副其实地成为粤港澳大湾区的中心城市，起到带头作用。我们不妨大胆想象一下，未来中国资本市场将会诞生出更多像华为、腾讯、阿里一样在世界领先的科技公司。

也就是说，科技行业可能会出现一批十倍大牛股，这一大牛股很可能就来自科技的细分行业龙头。在科技的细分行业中，往往具有赢者通吃的特点。什么是赢者通吃？简单地说，就是细分行业的第一名的收入和利润有可能是第二名到第一百名的总和，而行业第二名的收入和利润是第三名到第一百名的总和。也就是说，行业龙头，强者恒强。特别是在新兴科技行业，比传统行业的表现更加明显。举个例子，比如前几年火起来的打车软件。刚开始的时候，打车软件风生水起，全国有几百家打车软件，很多资本都在投入，但是经过激烈的市场竞争，最后只活了一家，就是滴滴打车，连进入中国的美国打车巨头优步，也被滴滴合并成为一家。在这样的新兴行业，往往最后只有一家胜利者，最多有2到3家。

再如共享单车，过去几年大概有2000多亿的资本投入共享单车中。前几年街上放了花花绿绿各种颜色的共享单车，但是最后只剩下了两种颜色，最后这两家会不会合并？或者只剩下一家？我觉得可能性是很大的。

又如电商，十几年前中国有上千家电商，后来小电商基本上被市场淘汰，最后就剩两家巨头，阿里巴巴和京东。这样市场就形成了龙头甚至垄断格局，新的竞争者很难进入这个行业。我们为什么要关注行业龙头股的价值？因为在科技行业就是赢者通吃。

二、三个科技领域细分行业

下面我们选择三个细分行业，5G、人工智能、新能源汽车，来分析一下如何挖掘细分行业。

（一）5G行业

首先我们来看5G行业，5G牌照在2019年正式落地，三大运营商的5G规模建设都有望加速推进。5G基站数量达到4G时代的两倍左右，同时引入大量新技术，这会推动主设备、天馈系统、射频线缆等全产业链持续受益。5G持续建设的同时，网络流量的持续高速增长，对4G网络也会造成巨大压力。

4G升级扩容需求持续，将会对5G产业链形成坚实的业绩支撑。5G引入三大应用场景，大带宽、广覆盖、低延时的网络覆盖逐步完成后，高清视频会议、富媒体短信、物联网等应用具有了大规模推广的基础，未来将有希望迎来发展的高速期，推动网络流量持续增长，带动IDC需求。另外，5G作为新科技、新经济的核心基础设施之一，网络覆盖也将会持续推进，这将会带动下游的新应用、新商业模式持续快速落地。也就是说，5G是一个革命性的变化，而不仅仅是大宽带、大流量。

2019年三季度开始推出了5G手机，2020年1月~12月中国市场5G手机出货量达到1.63亿部，远超市场预期，所以5G终端也会是主要的投资机会所在。说到5G的话，还不能忘了芯片行业，像国产芯片的替代，以及国产芯片需求量的增加，我们也可以关注国产芯片的机会。

（二）人工智能

我认为人工智能的发展是无法阻挡的一个大趋势，现在越来越多的工作开始由机器人来替代，甚至有人担心将来机器会替代人本身。可以说，人工智能替代人工应该是大势所趋，哪些公司会成为行业的龙头，哪些会受益于大的趋势，这样的公司在未来就会有一个很大的发展。

当然，现在很多人担心人工智能会跟人类抢工作、抢饭碗。比如，有些研究所已经开始推行智能投顾，未来研究员还有没有工作？也有人担心人工智能产生的机器人会代替人类本身，把人类消灭，控制这个地球。我认为这有点夸张。其实从本质上来说，人工智能整体上还是为人类服务的，是人类使用的工具，它可以替代那些重复性的、程序性的工作，但是无法替代一些复杂的脑力劳动，当然更不可能替代人类来统治这个地球。通过5G的帮助将会使通信的延时大幅降低，与人工智能结合将带来自动驾驶汽车、实时视频应用的投资机会。

（三）新能源汽车

新能源版块特别是就新能源汽车来看，新能源汽车替代燃油车是大势所趋。现在随着人们环保意识的提升，各国政府对于电动车的重视程度都在提升，甚至欧洲已经有不少国家宣布了停售燃油车的时间表。像深圳现在几乎所有的出租车都换成了电动车，将来会有越来越多的城市把燃油车换成电动车。当然，新能源汽车板块的发展可能在短期之内受到补贴力度下降的影响。

从长期来看，新能源汽车还是一个确定性的发展机会，只有一个行业走向正轨了，补贴才会减少。而没有一个伟大的行业是靠补贴补出来的，其实只有不再补贴了，这个行业才会真正进入市场化的竞争，好的公司才会成长起来，这个行业的秩序才会更加市场化，真正的龙头公司才会取得成功。补贴往往是在行业初期进行的，在行业发展的成长期进行补贴就会变成补贴落后，而这些落后的企业应该是被市场淘汰掉的，是不能依靠拿补贴来苟延残喘的。这其实不利于行业的优胜劣汰，也不利于龙头公司的成长。

本节回顾

"在国家一系列重大政策的支持下，科技创新将成为 A 股市场的重要推动力，而科技行业的细分龙头将会诞生一批大牛股，甚至十年十倍的牛股。本节重点分析了 5G、人工智能和新能源汽车这三个细分科技行业的投资逻辑。"

第23节 如何抓住券商龙头股的投资机会

黄金十年最受益的是什么？答案无疑就是券商行业。

一、我国券商行业和未来机会

我们知道券商被称为行情的风向标，只有在牛市的时候，券商的各项业务才会大幅增长，从而带来股价的大幅上升。反过来，A股的黄金十年也需要券商的大力发展作为基础，券商要给市场提供更多的交易工具和更多的投资服务。根据国家的安排，2020年，中国的金融市场将进一步对外资开放，外资将被允许全资进入券商、基金、寿险以及信托领域，设立全资的子公司，这将会产生明显的“鲶鱼效应”。

外资券商无论在管理经验，还是在资本实力方面都有明显的优势。引入外资券商，有人惊呼，狼来了，国内券商怎么办？但实际上国内券商会发挥本土化的优势，而行业龙头公司也将趁这个机会进行兼并重组，做大做强公司的资本金，从而与外资券商进行PK。国家对于大券商也将给予更多的支持，比如在业务范围上给龙头券商更多的自由度。龙头券商一般是全牌照的公司，重点扶持龙头券商，就是为了与外资券商抗衡。而在资本金上，将来可能会采取更多的方式，补充券商的资本金。

中国的券商行业和外资相比还是处于初级阶段，国内所有的券商净资本加在一起可能都没有高盛一家大。如果不趁现在 A 股市场的黄金十年，做大做强中国的券商，很难与外资券商抗衡。所以无论从国家的层面，还是从行业的层面来看，龙头券商都将迎来大发展的机遇。

二、券商龙头企业和主营业务

在券商行业也存在明显的头部效应。2018 年股市大跌，券商板块的业绩出现了大分化，马泰效应非常明显。根据统计，证券行业营业收入前十名的券商，合计收入在全行业的占比接近 50%，而净利润排名前十的券商合计净利润在全行业的比例提升到 70% 以上，行业利润向头部券商集中。

2019 年 A 股市场出现了大反弹，很多券商的盈利同比增长超过了百分之百，但是利润向头部券商集中的趋势没有改变。毫无疑问，此后十年甚至更长的时间，券商行业将延续收入利润向头部券商集中的趋势，无论经纪业务、投行业务，还是自营业务，无一例外。大券商在品牌网点、综合佣金率、机构客户以及研究实力等方面具有强大的优势，特别是传统的经济业务日趋向头部券商集中。目前前十大上市券商经纪业务市场占有率超过 70%，并且具有进一步提升的趋势。

随着科创板的正式推出，龙头券商的优势将会更加突出。第一批科创板，上交所一共受理了95家企业，保荐机构主要集中在几家头部券商，其中中信建投有14家、中信证券有9家、华泰证券有8家、中金公司有7家，项目储备大幅领先其他中小券商。而试点推出的注册制对拟上市公司没有营收和净利润的要求，拟上市公司质量有好有坏，这就对券商的定价能力和承销能力提出了更高的要求，头部券商的优势无疑更加明显。很显然，投行业务今后只会是一个不断强化龙头的过程，目前排在前面的券商大概率会胜出，甚至会出现整个投行业务被前几家券商掌控的局面。

在投资类的资管业务和自营业务方面，非常考验一个券商的品牌和投研能力，未来一定是强者恒强。这两年头部券商在资管和自营方面都实现了逆势正增长，相反，很多中小券商的自营业务甚至出现了负收入。

三、券商传统业务之外的两块业务

除了上面讲的券商传统业务之外，还有两块业务值得大家关注：一个是衍生品业务，包括场外个股期权、股票期权等。随着金融市场不断对外开放，金融产品更加丰富，衍生品业务发展空间广阔，龙头券商在市场份额和风控定价能力方面具有明显的优势。

另一个值得一提的就是财富管理业务，多家头部券商已经在布局向财富管理业务的战略转型。我国居民财富高速积累多年，但财务管理市场渗透率偏低，券商的发展潜力非常巨大。对标海外投行，比如 UBS、高盛，头部券商在业务渠道、产品端实力、服务质量和并购能力方面占据一定的优势，在转型中具有极强的竞争力。事实上很多海外的投行，像 UBS、高盛的主要营业收入都来自财富管理业务。可以想见，现在一百多家券商通过激烈的市场竞争之后，最后可能只剩下五家实力最强的头部券商，其余的券商市场份额会不断地被蚕食，这也是美国投行现在的状况。在金融危机之前，美国前五大券商垄断了整个市场大部分的份额，而在金融危机中又倒掉了两三家，所以现在美国投行头部券商的占有率更高。

本节回顾

在 A 股市场黄金十年中，券商行业的集中度会越来越高，行业白龙马股更值得关注，所以我们要分析前五大的券商，它们的投资价值会越来越高，这一点和消费白龙马股、金融白龙马股是一样的道理。券商行业也是建议大家重点关注的行业。我国券商的发展还处于初级阶段，是一个朝阳行业，将来从券商行业中走出一批伟大的公司是非常正常的，前五大券商很可能成为国际性的大公司。

第 24 节

【股事会】在 5000 点买入万科股票，为什么还能大赚

我们一直在讲如何找到穿越牛熊的好公司，这样的公司有自己的护城河，发展稳定，即使在股市的高位买到了这样的公司，短期被套也不用担心。后面企业的盈利增长会让股价创新高，涨到你买的成本，也就是说你会解套，甚至可能会不断地创出新高，让你获得不菲的回报。比如，我一直建议大家关注的白酒的龙头股茅台，就有这样的特征。

在每个部分结束之前，我们一方面要总结知识，另外也要将学到的方法具体应用。在这个部分，我要讲一讲大家都熟悉的一个企业案例，更方便你理解。那就是著名的股票万科 A，万科 A 的代码是 000002，也就是深交所上市的第二只股票。提及万科，大家都耳熟能详，特别是近几年，因为宝万之争，万科再次被推向风口浪尖。

2015 年 6 月，上证指数曾经涨到高点 5178 点，之后出现了三轮下跌。由于股市持续下跌，很多公司的股价出现腰斩，甚至有的小公司跌去了百分之八九十，然而万科的股价却在大盘大跌的过程中缓慢上行，从 2015 年 6 月的 15 元涨到了 2018 年 1 月最

高的 42 元。如果你在 5000 点时买入万科股票，那么你的最高收益将近达到三倍，2019 年收益还能达到两倍左右，丝毫没有受到大盘指数下跌的影响，可以说是当之无愧的穿越牛熊的股票。

大家对万科的了解有多少？大家可能更了解王石。特别是这几年，王石虽然已经从万科退出来了，但是一直活跃在大家的视线中，特别是宝万之争，又把王石推到了舆论的最高峰。万科这家企业到底好在哪里呢？我们来回顾一下万科的发展历程。

万科成立于 1984 年，1988 年进入房地产行业，1991 年成为深交所第二家上市公司，经过 30 余年的发展，现在已经成为全球最大的住宅开发企业之一，业务覆盖三大核心城市圈以及中西部地区，年均住宅销售规模在 6 万套以上，销售规模持续位居同行业全球首位。

万科从一家深圳的小地产公司成长为现在世界级的企业，一直坚持有质量的增长，ROE 长期保持在 20% 左右。20 世纪 90 年代，万科曾经确定为商贸、工业、房地产和文化传播四大支柱的经营架构，涉足十多个行业。2001 年，经过战略调整，才开始聚焦房地产行业。2014 年，管理层审时度势，又把战略调整为三好住宅加城市配套服务商。目前公司业务已经延伸至商业开发和运营、物流仓储服务、租赁住宅、产业城镇等领域，可以看到万科从多元化到专业化再到多元化的发展历程，紧贴行业发展趋势，走在行业发展前沿。

在房地产行业进入黄金时代的时候，万科选择聚焦住宅开发，把握住了最好时机，飞速发展。现在房地产行业进入成熟期，增速放缓，它又选择多元布局，主动进行住宅开发生态平台的建设，也适应了最新发展的需求。可以说，万科几乎每一次都能够抓住时机快速发展。这既与万科优秀的领导人王石以及郁亮有关，也和公司相对完善的治理结构以及优秀的企业文化有关。而万科之前的大股东华润一直对管理层给予充分的信任和支持，打造了一支优秀的职业经理人团队，这些都形成了万科的核心竞争力。

我们知道中国的房地产价格经过大幅上涨，政府进行了多轮调控，但是每次房地产行业进入寒冬之前，万科都会提前抛售新楼盘，回收资金。而当行业陷入低迷，很多中小企业因资金链断裂无法生存的时候，万科开始大肆买地，收购这些中小企业。因此，万科的市场份额不断地提高。大家还记得 2018 年年底万科开的年会吗？当时郁亮打出来的口号就是“活下去”，万科这么大的一个房地产企业，能够居安思危，能够在行业开始出现低迷迹象的时候就提出活下去，然后提前进行准备，大量卖出新楼盘来回收资金准备过冬。这种战略是很多房地产公司无法匹敌的。

让万科再一次走到人们视线中，就是 2015 年发生的一场著名的宝万之争。宝万之争可以说引起了全社会的关注，特别是中间卷入了很多名人，像宝能的姚振华，万科董事长王石，以及现任董事长郁亮。而万科之前的大股东华润也因此退出了万科的股权，深圳地铁集团进行了接盘，整个事情跌宕起伏。那么谁是宝万之争最后的赢家呢？我们来看看，这场纷争发生在 2015 年下半年股市暴跌的时候，当时的大致情况是姚振华控制的宝能系强势增持万科股份，试图罢免万科管理层，后面又有恒大来参与，直到 2017 年在监管部门的推动下，深圳地铁集团成为万科大股东。而之前在万科上赚了大钱的华润则退出了万科的股份，失去了大股东的地位。当然，华润在万科上的投资是非常成功的。

深圳地铁集团力挺管理层，由掌舵万科 17 年的总裁郁亮出任董事长，终止了纷争，稳定了自身的股权结构。宝万之争之所以能引起全社会的关注，一个是万科的股权非常分散，这是因为当年王石在做股权改革的时候，放弃了自身的股权，希望建立一个股权分散的结构，从而让管理层更好地把公司经营起来。应该说万科最初的发展和它的股权结构有很大的关系，管理层对公司有比较大的控制力，但是这种分散的股权结构也会导致万科的股权不稳定。

宝能正是利用万科股权结构分散的特点，通过二级市场用万能险等募集的资金，又加了 5 到 10 倍的杠杆买入万科的股权，来争夺大股东的地位。这次风波的平息，证明万科在治理结构方面确实有竞争优势，但是也让万科的股权结构受到了市场的质疑。

回过头来看，谁是宝万之争这场风波的最大赢家？王石离开了管理层，离开了万科，华润不再做大股东，深圳地铁集团成为万科新的大股东，宝能的实际控制人姚振华虽然受到监管部门的处罚，但是他在之前买入的万科账面浮盈达到两三百亿元，又趁市场好转的时候、趁压力大的时候进行减持套现，他在万科上的投资几乎以八十亿元左右的成本获得了两三百亿元的收益，可以说是非常成功的一笔投资。

为什么很多投资者在5000点买股票，特别是那些加了杠杆买股票的投资者都亏了大钱甚至爆仓，而同样在5000点买入万科又加了杠杆的宝能却赚了大钱？其实根本原因就是姚振华投资的是万科，是一家可以穿越牛熊的优秀公司。大家可以想一下，如果当时他买的不是万科，而是乐视网，现在会是什么结局？其实姚振华的成功就因为他看准了万科是一家好企业，股权价值会越来越高。这就是我在2016年提出的白龙马股，也就是白马股加行业龙头。只要抓住了这个核心，即使有再大的压力，受到再多的质疑，都不会影响投资收益，这一点值得大家学习。

我们在前面讲过，穿越牛熊的好公司有五个典型特征：第一，公司业绩持续高速增长；第二，有一定的核心竞争力；第三，低估值；第四，良好的企业管理；第五，机构扎堆、高度锁仓。我们拿万科来逐一对照一下。

第二点有核心竞争力和第四点管理优势已经体现得淋漓尽致，这里不用赘述。从估值来看，2019年万科的估值不到十倍，而A股市场平均估值大概是16倍，沪深300的市盈率大概是10倍，也就是说万科的估值具备低估值的特征。至于第五个特征机构扎堆持股就不用多讲了，可以说大多数机构投资者都把万科作为房地产行业的必选股票。最后来看一下万科是否符合第一个特征，即业绩是否持续高速增长。与房地产同行相比，万科始终以出色的业绩表现跑赢大盘，2005 年企业销售额突破百亿元，仅用五年时间率先突破千亿元，又用四年时间突破 2000 亿元，然后用两年时间完成 2000 亿元到 3000 亿元的跨越。过去 20 年，万科营业收入复合增长率为 31.4%，净利润复合增长率为 36.2%，远高于行业平均水平。

2019 年 8 月 20 日，万科又交出了一份亮丽的半年报，2019 年上半年实现营业收入 1393.2 亿元，同比增长 31.5%，实现归属母公司净利润 118.4 亿元，同比增长 29.8%。在房地产调控了三年，整个行业陷入低迷的时候，万科的业绩依然非常亮眼，这就是万科的魅力。取得这些漂亮的成绩，应该说实属不易。

我们来看一下万科的其他指标，比如现金流资源储备，以及业务多元化发展等。第一,万科目前负债合理，现金流充沛；第二，公司拿地维持谨慎投资，布局一二线，资源储备合理；第三，多元业务齐头并进，强化各领域领先优势。可以说万科的新局面正在打开，投资价值进一步凸显。即使未来房地产行业受到政策的限制，但是因为万科具备优秀的管理层，前瞻的转型眼光，扎实的业务基础，以及多年的行业积累，它仍然是行业的龙头。而这些行业的龙头是真正能够穿越牛熊周期的公司，也就是我反复给大家强调的白龙马公司。

本节回顾

我们以万科为例，从它的发展历程到核心竞争力，以及应对宝万之争到及时调整战略布局，实现业绩持续高增长，充分地展现了一家能够穿越牛熊市的优秀公司的特质。希望大家能从这个案例中学到有价值的东西。要深刻地认识到，只有持有好公司股票，只有持有像万科、茅台这样的白龙马股，才能够抓住A股市场的黄金十年。

※ 公司财报分析和有效估值 ※

第25节 当我们谈论财报的时候应该看什么

前面我已经讲了行业和公司的知识，这一部分讲讲如何看财务报表。每个季度上市公司都会公布财务报表，但是很多投资者不会看财务报表，不知道从财务报表中可以看出来哪些东西，这可能和每个投资者的知识基础有关。很少有人是会计专业毕业，所以要想看懂财务报表，确实需要下一番功夫。股神巴菲特很少听研究员的路演，也很少听别人的投资建议，那么他是怎么获取信息的？他就是大量地阅读上市公司的财务报表。

我曾经四次到奥马哈参加巴菲特股东大会，有幸参观了巴菲特的办公室。巴菲特办公室里，既没有电脑，也没有智能手机，他到现在用的还是直板手机，但是桌子上却有厚厚一摞上市公司的财务报表。可以说，财务报表是了解一个公司的窗口，看懂财务报表，才能真正了解投资对象。只有了解了投资对象，才能赚钱，这是非常简单的道理。巴菲特说，没有研究就做基础的投资，就像闭着眼睛开车，同样，不看懂公司的财务报表就去投资，也像是闭着眼睛开车，是非常危险的。

巴菲特非常重视看公司的财务报表，他也从财务报表上选出了很多伟大的公司。如果一个公司财务报表比较好，巴菲特就会去实地调研去考察，以确定这个公司是否真正像财务报表上显示的那么好。如果管理层也优秀，那么他就可能重仓买入这样的公司的股票。

一、什么是财务报表

首先，我们要了解什么是财务报表。财务报表说简单一点，就是一个公司的财务状况，它通过三张表的形式，来给投资者展示这个公司在过去一段时间内的经营状况以及公司的资金、利润、收入等变化。每个国家对于财务报表都有统一的标准，在会计上都有不同的规定，这样我们在看公司财务报表的时候就有一个参照物。

根据规定，我国上市公司要按季度披露财务报表，一季报、半年报、三季报和年报。根据交易所的规定，季报要在季度结束以后一个月内提供数据，会简单一些。半年报则是在二季度结束之后两个月之内披露，可信度仅次于年报。而年报的信息最翔实。看上市公司的财务报告是了解一个上市公司的第一步，我们常说的财务报表主要有三张表：资产负债表、利润表、现金流量表。这里要注意的是财务报表和财务报告不是一回事。财务报表是财务报告的主要部分，不包括董事报告管理分析以及财务情况说明书等。

二、财务报表里的三张表

一般看一个公司的财务报告，主要是看它的财务报表情况。下面我们了解一下，这三张表到底怎么看。

（一）资产负债表及其六指标

三张表里最主要的一张表就是资产负债表。为什么？因为它展示的是一个公司在一定时期内的财务状况，包括资产负债和股东权益的情况。资产负债表最能体现一个公司的财务状况，它能让读者在最短的时间内了解公司的经营状况。财务报表内容非常丰富，很多投资者拿到之后感觉眼花缭乱，其实我们只要关注几个主要的财务指标就够了，不用每一项都看。

第一个指标是资产负债率，也就是总负债在总资产中的占比。它是衡量公司负债水平以及风险程度的重要指标。一般来说，资产负债率在 50%～70%，是相对合理的。如果高于 70% 就是高负债公司，低于 50% 就是低负债公司。如果高于 100%，就是这个公司资不抵债。当然，并不是说资产负债率越低越好，每个公司都有一个合理的资产负债率，因为只有有资产负债率，通过一定的负债才能提高公司的 ROE，也就是提供股东回报。

当然资产负债率过高不是好事，它会使公司的财务风险大大增加。所以每个公司都有一个合理的资产负债率，不能一概而论。对于低风险投资者，喜欢低资产负债率的公司，比如巴菲特，他选择公司的时候就会选择低资产负债率的公司，因为他不喜欢那些举债的公司。对于一些激进的投资者，可能喜欢高资产负债率的公司，因为这些公司的 ROE 比较高。也就是说，公司利用负债实现快速增长。当然，一个公司的资产负债率太低，也可能是不好的信号，可能存在资产流动性差、供应商赊账等问题。

第二个指标是流动比率，指的是流动性资产与流动负债的比值，反映的是一个公司偿还债务的能力，业界普遍将 150% 到 200% 的流动比率作为衡量标准。如果一个公司的流动比率太低，说明它的资金周转不灵，难以偿还短期债务，可能存在一些债务风险。但如果流动比率太高，就说明公司闲置资产过多，经营效率低下，所以流动比率也要有一个合适的范围。

第三个指标是负债比率，也就是公司全部负债与全部资金来源的比率，用以表明公司负债占全部资金的比重。如果一个公司能够在极低的负债率下还拥有比较亮丽的成绩，这个公司可能就是个优秀的公司，值得我们投资。也就是说，公司不是靠举债来获得高增长的，它具有核心竞争力。一个企业的负债，对于它的发展来说就像带刺的玫瑰。玫瑰非常漂亮，但是如果玫瑰上有非常多的刺，你怎么能够确信自己不被它扎到呢？最好的办法是，尽量选择没有刺或者刺很少的企业，而这些企业又能实现比较好的增长。投资这样的企业，我们的胜算才会高一些。

第四个指标是固定资产。在选择投资企业的时候，尽量选择那些不需要持续更新产品的企业。比如茅台，配方 100 年不变，长期以来只生产白酒，产品的主要差异就是年份以及包装。这样的企业不需要投入太多资金在研发上或者更新生产厂房和机器设备上，相对来说就可以为股东们创造更多的利润，让投资人能够得到更多的回报。反过来，有些重资产的行业，比如汽车行业，汽车公司想建一条生产线要花十几亿元，想开一个新的模具要花几千万元。虽然很多汽车公司每年盈利很多，但是它要把大量的盈利投在固定资产上，固定资产比较高的公司就会使它的退出成本很高。比如，它不想做这个行业了，那么它关门的成本是很高的，因为大量的固定资产无法变现。当然对于固定资产特别高的公司，比如铁路公司，它的固定资产特别高、流动资产比较少，也就是说修一条铁路需要花非常高的成本，可能几百亿甚至上千亿。但是一旦修成了运营起来，运营成本是比较低的。对于这样的企业，就需要由国家来经营，个人是没有能力经营的，因为前期的固定资产投资太高。

第五个指标是无形资产，无形资产没有实物形态，但是却能计算出实际价值。比如，企业拥有的专利权、商标权、土地使用权等。

这里需要提一句，在 2019 年很多企业公布年报的时候，商誉成了一个热门词汇，但并不是说很多公司创造了商誉，而是前些年有很多公司通过兼并重组做大做强，收购的企业有品牌价值，就会给它估值比较高的一个商誉。这几年经济下行，被收购公司盈利不断下降，这些公司的品牌价值就会大打折扣，商誉就要集体损失。有一些企业在并购重组的时候，给予被收购对象过多的商誉，结果导致进行了大量的商誉计提，出现巨额亏损，成为2019年年初普遍爆雷的一个领域。所以商誉听起来就像品牌价值，一般会出现在并购的时候。比如，甲公司在收购乙公司的时候，除了净资产之外，乙公司有品牌价值，那么甲公司要多付一笔钱，这笔多出来的钱就是乙公司的商誉价值，也就是并购溢价。如果给予乙公司过多的并购溢价，就可能造成巨大的损失。所以在并购重组的时候，一定要防止出现这种现象。对于一些并购重组，给予被收购方过高商誉评估的这些公司一定要非常小心，避免踩雷。

第六个指标是长期贷款，长期贷款对一个公司来说是一个重要的指标。一般来说，优秀的企业是很少有长期贷款的，因为企业的现金流很充足，当然也不是说具有高额长期贷款的公司都不是好公司，这里要分清公司进行长期负债的原因。比如，一些公司进行杠杆收购，出现一些长期贷款，这可能就是正常的。

现在大家对于资产负债表大致有一个了解，资产负债表也是计算一个公司净资产的基础。我们经常用的估值指标中的市净率，就是用公司的总市值除以公司的净资产（资产公司净资产可以在负债表里查到）公司的净资产。这样的话我们可以看一个公司的估值高不高。

（二）利润表及其四指标

看完资产负债表之后，我们来看大家最熟悉的利润表，利润表反映的是企业在一定期间内经营的成果。因为它反映的是某一区间的情况，所以又被称为动态报表。有的书上把利润表叫作损益表、收益表，利润表主要就是看企业的获利能力，看它能不能赚钱。利润表是最需要对比看的，除了对比竞争对手，也要对比同一家企业每年利润的变化。我们看利润表，同样要看几个指标，不能把利润表所有的项都看完。我先给大家介绍一个典型的利润表的构成，这样有利于大家了解什么是利润表。

第一项主营业务收入减去主营业务成本，就可以得到第二项公司的主营业务利润，然后减去公司的三费，也就是营业费用、管理费用和财务费用，就可以得到第三项公司的营业利润。营业利润加上公司的投资收益，如果亏损的话就减去投资收益，加上公司的补贴收入、营业外收入，减去营业外支出，就可以得到第四项公司的利润总额，然后减去企业的所得税，就得到第五项企业的净利润。这就是一个典型的公司的利润表的情况。大家记住，通过这五项就可以知道一个公司一年的经营状况，或者是一个时期的经营状况。

我们要看利润表，不能光看这几项，还要看一些比率。因为比率最能揭示一个公司的经营状况。第一个指标是资产周转率，也就是公司的总收入与总资产的比值，反映的是一个企业所有资产从投入到产出的流转速度。企业最核心的能力就是用资产创造收入。所以资产周转率这个指标最能体现企业的经营效率。如果一个企业的资产率比较高，它就可能创造更多的资产回报率，也就是 ROE。反过来，如果一个公司的资产周转率过低，说明这个公司很难创造更大的价值。

第二个指标是毛利率，毛利率是大家最常听见的一个指标，也是我们最应该关心的指标，它指的是公司的毛利润与总成本的比值。毛利率在一定程度上可以反映企业的持续竞争优势。如果一个企业具有持续的竞争优势，它的毛利率就会处在比较高的水平，企业就可以对它的产品和服务自由定价。售价会高于它生产的产品以及服务本身的成本。比如食品饮料、酒店、生物医药等行业，就是毛利率比较高的行业，也就是比较赚钱的行业。而一些做出口代工的行业，比如做手机外壳的，做一些零部件的，或者做服装的，这些行业的平均毛利率都比较低，甚至低于20%，那么这个行业存在过度竞争，这个行业的公司就没有太多的投资价值。

第三个指标是销售成本，尽管销售成本本身并不能告诉我们公司是否具有持续的竞争优势，但它能让我们知道一个企业获得利润的方式，从利润表中挖掘的这些信息，可以判断出企业的经济增长原动力。因为利润的来源比利润本身更有意义。我们要看公司的销售成本是多少，销售成本都花到了哪些地方。

第四个指标是折旧费用。折旧费用是对公司经营业绩的影响很大的一个指标。在考察一个企业有没有持续竞争优势的时候，一定要重视厂房、机器、设备等固定资产的折旧费。一个企业计提折旧，会有不同的折旧方法，有直线折旧法，也有加速折旧法。企业之所以要计提折旧费用，就是因为公司的设备都有一定的使用年限。比如使用十年，就按十年把机器的成本折旧完，从利润中提出来折旧费用，以便设备的更新。因为买新设备的时候是需要花钱的，这个钱就要从折旧费用中出。所以必须重视企业的折旧费用。对于一些设备可能会加速淘汰，或者技术进步比较快的行业，可能会采取加速折旧的方法。也就是在初期要多提一些折旧费用，从而有利于进行设备更新。

（三）现金流量表及其二指标

现金流量表，反映的是企业在一定时间内是否有足够的现金维持运营，它对于评估企业持续发展非常重要。要知道很多企业在没有盈利的时候，要靠现金流活着。以前在北大光华管理学院读书的时候，财务课的姜国华老师曾经跟我们讲过，你可以把现金放在兜里，但是你不能把收入放在兜里。也就是说，很多时候现金可能比收入这个指标更重要。因为企业的收入有可能是没有收到现金的，比如应收账款，结算公司的收入。一个公司收入很多，不代表它的现金流很好。2019 年有一家爆雷的公司，账上显示有 200 多亿元的现金，但是却付不起 7000 多万元的债务利息，最后导致爆雷。当然，这些可能涉及财务造假。

对于现金流量表，我们应该关注两个重要的指标，一个是看经营活动现金流和利润情况，现金流增加，利润也增加，是成长型企业的表现。现金流减少，利润也减少，是衰退型企业的表现。现金流减少，利润增加，这时候就要注意企业的应收账款有没有问题，库存是不是大量增加。当然也有虚惊一场的可能性，比如企业用现金购置了大量存货，并且通过客户预充值的方式规避风险。另一个重要指标是自由现金流，自由现金流代表着真金白银，自由现金流充沛的企业才是好企业。如果一个企业能够不依靠不断的资金投入和外债资源，光靠运营过程中产生的自由现金流，就可以维持现有的发展水平，那它就是一个值得投资的好企业，千万不要错过。只有企业拥有充沛的自由现金流，投资者才能从投资中获得良好的回报。

本节回顾

本节主要告诉投资者在看财务报表的时候，应该注意的三张表及其指标。如果你没有那么多时间和精力去关注自己买的股票企业的财务报表，可以重点关注其中几个指标：负债比率，毛利率和自由现金流。希望大家都能够学会看财务报表，向股神巴菲特学习，从财务报表中读懂企业。

第26节 如何看资产负债表

资产负债表怎么看？利润表怎么看？现金流量表怎么看？只有学会看这些表，你才能真正吃透一家上市公司，才能判断你所买的公司是不是一家好公司，或者当公司的财务状况发生变化的时候，你能不能第一时间觉察到。

2019年，有一些传统的白马股也出现了爆雷。比如东阿阿胶，大族激光，甚至涪陵榨菜。这些传统上的白马股业绩出现了大幅下滑。如果说能够在之前通过财务报表分析看到这些公司可能会出现业绩下滑，那你就可以避免踩雷。资产负债表，利用会计平衡原则，将符合会计原则的资产负债、股东权益、交易科目分为资产、负债及股东权益两大区块，然后经过一定的会计程序之后，浓缩成一张报表。所以很多人说，公司的资产负债表是一个公司在某个时点的财务状况的快照，也就是一个公司财务状况的一个截图，这样理解就非常简单了。

公司在不同时间点的资产负债表是不同的。通过这些变化，可以看出公司在一个区间内运营状况的变化。一般来说，上市公司会在季度和年度财务报告中公布详细的资产负债表数据。作为投资人，我们可以对比查看资产负债表对应数据的变化，尤其要注意期初和期末的数字变化。期初就是一个报告期的初期，期末就是报告期的末期，通过期初和期末的数字变化，就可以找到背后的商业原因，从而知道这个企业在报告期内的经营状况如何。

关于资产负债表，首先要记住一个恒等式，资产 = 负债 + 股东权益，或者资产 – 负债 = 股东权益。正因为这个等式永远成立，所以资产负债表也叫平衡表。我们就顺着这个恒等式来讲讲资产负债表的结构。

一、资产

第一个等式左边的概念是资产，也就是一个公司所拥有的预期在未来能为公司带来利益的资源。这里所说的资源是从财务角度来看有价值并且可以量化的资源。还有一些资源，比如公司品牌、公司的员工、政府关系等，也是公司的重要资源。但是在财务报表中是不会列在资产负债表里的，因为它是没法量化的。不同行业、不同类型的公司，用的资产也不一样。

比如，在工业制造和铁路运输中，厂房和机器设备都是很重要的资产。但是在金融证券和软件领域，这种固定资产占比就非常低。我们可以把前者称为重资产行业，把后者称为轻资产行业。资产按照变现能力可以分为流动资产和非流动资产两大类。流动资产，就是说这些资产很容易变成现金。比如银行存款，比如公司买的银行理财、货币基金等，这些都是现金资产，也就是流动资产。而非流动资产就是在一定期限内，通常是一年内不能变现或者消费的资产。

流动资产和非流动资产的总和就是总资产，流动资产包括现金、短期投资、应收账款、存货，以及其他的流动资产。短期投资是指企业买入能够随时变现，并且持有时间不超过一年的股票、债券等，也包括一些基金的流动性好的资产，这些叫金融性资产。应收账款、应收票据、应收利息、应收欠款等，都是别人欠公司的，短期内一般来说能够收回，这些就叫流动资产。存货包括能立即销售的成品，能用于加工的材料等半成品，以及原材料和储备等，这些也叫流动资产。

非流动资产则包括有形固定资产，比如厂房车间、公司的地产等以及公司用的土地、机器等。对于固定资产，大家要注意一个重要的概念就是折旧。为什么要计提折旧？因为企业的设备要更新换代，通过计提折旧，为下一次机器设备的更新换代做准备。它其实反映了预期寿命期间内有形固定资产价值的降低。其实很好理解，比如厂房、机械设备、汽车等交通运输工具，随着时间的推移，它的价值就会不断地降低，这样的话你就要用适当的折旧方法来评估资产的减值。不同公司对于折旧的计提方式是不一样的，所以计提折旧也成为一个很容易被人操纵的地方，这一点需要注意。

长期投资也是非流动资产。长期投资是指企业不准备在一年内变为现金的投资，比如股权投资。之前我们讲过的商誉也是非流动资产。值得注意的是，对于商誉，公司将会在未来进行商誉减值处理。

如果被收购的公司出现了经营业绩下降，商誉进行了减持等，这是一个公司业绩爆雷的一个重要迹象。大家一定要小心。

无形资产包括专利权、非专利技术、商标权、著作权、土地使用权、特许权等。需要注意的是，对一个公司无形资产的评估是非常困难的，几乎不可能做到准确定价。如果资产负债表上有这项内容，并且无形资产非常庞大，最好能弄清楚它的来龙去脉，不要被公司欺骗。

二、负债

说完了企业的资产，再说一下第一个等式右边的负债。负债，说白了就是公司欠别人的钱，或者说应该支付给别人而没有支付的款项。

既然是欠人家的，那么只要公司没有破产，迟早都要还给人家，这里就有个偿还时间的问题。有些负债偿还的时间早，有些负债偿还的时间晚，所以在财务上把负债按照偿还的时间长短分为流动负债和非流动负债，与流动资产和非流动资产的划分相对应。把预计在一年内要清偿的债务叫作流动负债，超过一年的叫作非流动负债。

三、股东权益

等式右边还有一项叫股东权益，也称为所有者权益或者净资产。也就是说，股东在这个公司拥有的资产，即把公司的负债扣除之后剩余的资产。股东权益，可以理解成公司欠股东的。但股东权益，却是一种不需要偿还的负债。

这从一方面也解释了资产等于负债加股东权益。比如你买了一个公司的股票，你就拥有公司的股东权益，当然是其中的一小部分。你是公司的股东，股东权益是不用偿还的，它和负债是不一样的概念，但它们都是公司资产的一部分。也可以这么理解，就是股东权益是股票投资者所拥有的资产，负债是债务。这样理解就很简单。股东权益是一个很重要的财务指标，它反映了公司的自有资本。当总资产小于总负债的时候，公司就陷入了资不抵债的境地，这时候公司的股东权益就消失了。

如果公司被实施了破产清算，股东也会一无所有。相反，股东权益金额越大，说明这个公司的实力越雄厚。我们看财务报表就会发现股东权益也指股本、资本公积、盈余公积、未分配利润之和，它代表了股东对企业的所有权，反映了股东在企业资产中享有的经济利益。那么什么是股本呢？我们在行情软件中经常看到这个词，股本指的是在公司注册或者上市的时候，股东所投入的资金。资本公积，包括股票发行溢价、法定财产、重估增值、接受捐赠资产等，是在股东之上增加的部分。盈余公积分为法定盈余公积和任意盈余公积。法定盈余公积是公司税后利润的百分比，按要求要强制提取的部分，它的目的就是应对公司的经营风险。当然，当法定盈余公积累计额达到一定比例的时候，就可以不再强制提取。什么是未分配利润？顾名思义，就是说公司赚取的利润中暂未分配，或者留在以后年度分配给股东的部分。如果一个公司有控股的母公司，那么在做财务报表时就需要做合并报表。所以当我们拿到一张报表的时候，要先看表头，看看是不是合并报表或者合并数。有的话就属于合并报表。没有的话一般就是指单个公司的报表，合并报表相当于母公司和子公司的集合。在合并报表里，所有者权益被分为归属于母公司所有者的权益和少数股东权益。怎么理解呢？比如，A 公司持有 B 公司 60% 的股份，那么 B 公司的股东权益中 60% 的权益会计算到归属于母公司所有者的权益，剩下 40% 是其他人持有的，与控股母公司的股东无关。由于后者在子公司全部股权中不足半数，对子公司没有控制能力，所以也被称为少数股权。这部分股东权益被计入少数股东权益里，所以可以看出少数股东权益就是指没有达到控股比例的公司股东权益。

当然，我们在看资产负债表的时候，如果仅看资产负债或者股东权益的绝对数字，其实意义不太大，说明不了问题。就像我们看一个人的身高、体重、三围、脂肪含量等指标，也不能直接判断这个人是否健康。真正有价值的是什么？就是这些指标之间的比例关系，它能让我们很快做出准确的判断。比如，我们看一个人身高 150 厘米，体重 80 公斤，那么我们可以判断出他是一个矮胖子，也就是说这个比例是非常重要的。

一些指标，比如 ATO（资产周转率），ROE（股东权益回报率），还有 ROA（资产回报率）。大家看这些比率的时候，我们更容易看到一个公司是不是好，比如大家最关注的 ROE，就是用公司的净利润除以股东权益，这是很多投资者包括股神巴菲特最看重的一个指标。一个公司的 ROE 比较高，可能因为它的经营能力比较强，也有可能因为它的负债率较高。但是无论如何，ROE 高的公司相对来说比 ROE 低的公司更有投资价值。

但如果说公司是通过高比例负债带来的 ROE 比较高，那就要小心它是否有财务风险。比如公司的财务费用支出过高，甚至有可能面临资金链断裂，这时候我们就要注意了。所以对于 ROE，我们不能光看它的数值高低，还要结合公司看怎么产生的，是通过公司的正常经营还是通过高负债。巴菲特喜欢低负债同时高 ROE 的公司，我们可以跟股神学习这一点。这也是我们在看资产负债表的时候，注重比例关系的一个明证。

本节回顾

本节我们详细地讲解了资产负债表的科目含义，以及如何看待这些不同的科目与指标。真正想研究好投资，就要去恶补一下会计课，恶补一下资产报表分析方法。因为读一个公司财务报表，就是了解一个公司的窗口。当然，不同行业的不同公司，由于商业模式和资本结构的不同，资产负债表的内容也有很大的不同，会计项目表中所包含的会计科目也不尽相同。因此，我们在阅读公司财务报表之前，对公司的商业模式要有个大致的了解。

第27节
利润表中有什么要注意的

上一节我们讲了三张报表中的资产负债表，这一节我们来讲讲利润表，也是大家最关心的一张表。利润表有时候也叫损益表、收益表。我们之前讲过，利润表是反映企业在一定会计期间经营成果的报表，由于它反映的是某一期间的情况，所以有时候又称为动态报表，也有人生动地把它比喻成一个录像机，好像是给企业这一段时间的经营录像了。

目前国际上常用的利润表的格式有单步式和多步式两种。这两者有什么区别呢？单步式是将当期收入的总额相加，然后将所有费用总额相加，一次性计算出当期收益的方式。因为它提供的信息都是原始数据，所以比较容易理解。多步式是将各种利润分多步计算从而得出净利润的方式，主要是为了方便使用人对企业经营情况和盈利能力进行比较和分析。我们看多步式利润表，就要掌握一个会计等式，收入减费用等于利润。

以营业收入为起点，经过多步计算得出净利润，我们可以通过计算来看哪一项费用对利润有影响，造成了利润的波动。

我们在看利润表的时候，要注意以下指标。

一、营业利润

营业利润，主要的来源是营业收入，营业收入的多少，体现了企业所在行业的竞争激烈程度和一个企业在行业中的竞争地位等。我们看营业收入，重点要关注的是公司的收入来源是不是具有持续性。比如公司今年获得了比较高的收入增长，明年还会不会增长？后年会不会增长？我们一般分析一个公司的价值，至少要看公司未来 3 到 5 年是否可以持续增长，才有意义。一次性的收入增长是没有太大意义的。所以我们要分析收入来源是不是具有持久性，可以通过企业产品竞争力，收入来源的地区以及关联方交易比重，政府补贴等方面，来预测公司的收入来源。

营业利润的第二个来源是投资收益。投资收益，顾名思义，就是公司做项目投资所带来的收益，投资收益的大小对公司的利润会有很大的影响。我们分析企业的投资收益，应该明确投资项目的经济效益、发展前景和增长潜力。需要注意的是，很多情况下，公司的投资收益波动都是很大的，并不是经常性的行为。所以我们有时候把它叫作非经常性损益。在进行公司估值的时候，应该把这部分收益去掉之后再估值，特别是对证券投资的收益。我们知道有些上市公司拿公司的大量资金来炒股，行情好的时候，投资收益非常高，公司利润暴涨，股价也大涨，而熊市的时候就可能出现炒股的巨额亏损，从而造成利润的大幅波动。我们应该把投资收益从公司的营业利润中剔除，看一下公司主营业务收入带来哪些利润，这样才有意义。

A股市场有很多上市公司热衷于炒股，这其实应该引起我们的注意。有人开玩笑说，买这些喜欢炒股的公司，相当于委托理财了，但是市场上有基金公司、资管公司这些专业的理财机构，投资者没必要通过买入一个上市公司来实现理财的目的。也就是说，企业如果过度重视做证券投资，实际上是偏离主业的，也不利于股东的利益。所以对于一些用大额资金炒股的公司，一定要注意防范它的收益波动带来的股价波动的风险。而有些上市公司则热衷于参与一些定增，通过定增来获得好的投资回报。但是由于近些年股市低迷，很多定增都破了发行价，造成这些企业的利润出现巨亏，这也是一个非常应该警惕的问题。

大家还记不记得一个著名的案例？中海油新加坡公司，当时因为做大量的石油期货交易造成巨额亏损，陈久霖因此锒铛入狱。还有很多上市公司，因为大量做外汇交易或者期货交易，造成投资收益巨额亏损，从而影响公司的主业，甚至出现企业倒闭的现象，这一定要引起我们的注意。

营业利润的第三个来源是公允价值上升引起的公允价值变动的收益。所谓公允价值是会计中比较重要的一个概念，也叫公允市价、公允价格，它指的是熟悉市场情况的买卖双方在公平交易的条件下和自愿的情况下所确定的价格，或者没有关联的双方在公平交易的条件下，一项资产可以被买卖，或者一项负债可以被清偿的成交价格。说通俗一点就是，市场上交易双方都认可的价格。比如资产是股票债券，每天都会有价格的波动，这是市场价格。有一些流动性不好的资产，可能就需要进行评估。而公允价值是动态变化的，公允价值的波动就可能引起营业利润的波动。最典型的就是一些保险公司。保险公司很多资金运用是投资于二级市场的，股价的波动会带来投资收益的变化，从而会带来营业利润的变化。

在正常经营情况下，公允价值变动收益不应该成为企业利润的主要来源，即使在某一个特定时期，它对利润的贡献比较大，这种情况也难以持久。

而且只要以公允价值计量的资产不变现，这种收益就是一种浮盈，并没有产生真实的收益。所以我们不能过度看重一个公司的公允价值波动，而应该去看公司真实的营业利润。

以上是从营业利润的来源入手做的分析。由此可见，要想提高营业利润，我们有多种办法，比如增加公司的主营业务收入，或者提高公司的投资收益，但是最根本的还是提高公司的主营业务收入。另外，我们从各种费用管控上进行分析处理，即开源节流，也能够提高公司的营业利润。

二、费用开支

我们在看公司利润表的时候，要重点关注各项费用开支的合理性，可以通过销售费用率，即销售费用比营业收入，以及管理费用比营业收入来判断两项费用开支的合理性和有效性。我们可以分析一下这两项费用的发生对利润的影响。如果管理费用和销售费用增加了，应该考察当期或者下一期的营业收入是否也增加了。对于财务费用而言，更多要受到贷款规模、贷款利率和融资环境等多种外部因素的影响。一个公司如果财务杠杆比较高，财务费用很重，那么公司就可能存在资金链断裂的风险。

所以对于一些高负债的公司，我们要注意其中的风险，特别是公司在融资环境收紧的情况下，会不会出现无法偿付利息的情况。利润表里另外一个要注意的指标是利润总额，也叫息税前利润，是在我们刚才讲的营业利润基础上，加上营业外收支净额计算出来的，其中营业外收入项目多半是管理者不能控制的，具有偶然性。非日常经营活动产生的一些收益，比如政府补贴、捐赠处置固定资产等。因为收入数额比较大不是个坏事，它会使企业净利润增加，从而增加企业利润分配的能力。但是由于这项收入的稳定性比较差，企业不能根据这部分收益来预测将来的净收益水平。另外，如果营业外收入在利润总额中的比例过大，说明企业的盈利结构可能出了问题，至少是增加了不稳定的因素。

三、净利润

净利润也是大家关注的一个指标。因为企业的净利润相当于给股东创造的最终利润。净利润也叫息税后利润，它是用利润总额减去所得税和利息之后剩下的利润。净利润是一个企业经营的最终成果，它是衡量一个企业经营效率的主要指标。净利润多，说明企业的经营效益好；净利润少，说明企业的经营效益差。

我们计算每股收益（EPS），即用公司的净利润除以股本。我们看一个公司每股收益大小，最关注的就是公司净利润的变化，同时要关注净利润的增长率。也就是说公司过去一年，以及未来3到5年能保持什么样的净利润增长，这可能比公司的收入增长更加重要，对股价的影响也更大。我们要想选到超级成长股，就一定要看那些净利润随着时间的推移会大幅增长的公司。净利润与销售额有关，但是仅销售额增长，净利润却不增长，那也不是我们想要的公司。

四、净利润率

净利润率可以算出来企业每一块钱的收入里有几毛钱是我们赚到的净利润，它的公式就是用公司的净利润除以主营业务收入。我们算出来公司的净利润率，就可以与同行业的竞争对手去比较，看看谁家的净利润率比较高。一般来说，一个公司的净利润率高，说明它的盈利能力高于行业的平均水平，有可能更值得投资。比如在家电行业，格力的净利润率就明显高于其他的家电企业。而在白酒里，茅台、五粮液的净利润率明显高于其他的白酒。这是这两家企业股票成为本行业的龙头股的原因。

当然，企业的净利润率也会随着时间发生变化，所以我们不能只看当前的净利润率，还要看未来连续几年的。这个指标越高越好，因为它越高就意味着同样的销售额，你会赚更多的钱，付出更少的成本，在进程中就处于优势地位。在现实的企业中，有一部分比较特殊，它们把赚到的净利润不放到自己口袋里，也不给股东分红，而是把这些净利润用于研发、广告或者其他有助于提升自己竞争力的地方，这可能会导致当期的净利润减少。

如果一个企业认为投资于本公司的项目或者研发可以带来更大的效益增长，而不是去分红，我觉得这样的公司其实更值得投资。比如微软，从微软成立到发展成世界上最大的软件公司，微软一直没有分红，因为微软处于高速增长期，把这些资金投入研发或新的项目中，可能会带来更大的回报，更符合股东的利益。而近十年来，由于微软的高速增长期已过，可投资的项目减少，微软开始大比例地现金分红。可见看一个公司是否分红，不仅和它的净利润有关，也和公司的发展战略有关。

一般来说，在快速成长期的上市公司，倾向于进行再投资。而在成熟期的公司更倾向于现金分红。当然，也有一部分企业不是把赚到的钱用于投资新项目，而是进行跨界投资，甚至盲目扩张，这样只会分散公司主营业务的能力。

当然 A 股市场上也存在一些蹭热点的行为。比如当互联网热的时候，很多公司会投资互联网来刺激股价，其实这个公司的业务和互联网没什么关系。这样的公司一定要小心。这种靠蹭热点起来的公司，其股价最后都会跌回去。而一些公司盲目扩张，跨界经营，不仅丢掉了自己的主业，而且跨界经营的效果也不好，甚至面临巨大的经营风险。在海外一些综合性的公司，比如通用汽车、通用电气，在这些年就做减法，把一些和主营业务关系不大的业务剥离出来，更加专注于主营业务的生产经营，从而保持一个比较强的盈利能力。我国的国企改革也是在不断地剥离一些非主营业务，专注于主营业务之上，这样才能够发展得更好。

本节回顾

我们分析了利润表中的科目，知道每一步的利润都是如何计算出来的，有哪些影响因素。我们要把利润表进行拆分，哪些是营业收入，哪些是营业利润，哪些是费用，哪些是税收，哪些是净利润，这样我们才能真正理解利润表，才能读懂一个企业的利润表。我们可以通过利润表中的净利润率等指标来甄别公司的好坏，比如净利润率高的企业，更具有投资价值。

第28节
如何从现金流量表中寻找绩优公司

什么是现金流量表？顾名思义，它是反映公司现金流情况的报表。比如一个月、一个季度或者一个年度企业的经营活动，投资活动以及筹资活动产生的现金流。通过现金流量表，我们可以知道一个公司通过经营投资和筹资活动产生的现金流的变化情况，从而知道一个公司是否具有很强的盈利能力。

一、现金流量表三大项

第一项是经营活动产生的现金流，第二项是投资活动产生的现金流，第三是筹资活动产生的现金流量。最后汇总反映企业在某一期间内，现金和现金等价物的净增加额。

经营活动，就是指企业进行正常经营活动所产生的现金流，比如卖商品提供劳务，以及购买商品、支付工资、缴纳税款等流入和流出的现金。

投资活动，是指企业进行长期投资或者短期投资所产生的现金流，包括固定资产投资、处置子公司或者其他单位产生的一些现金流。

筹资活动，是指企业通过股票融资、债券融资以及分配利润等产生的现金流。值得注意的是，应付账款、应付票据等商业应付款属于经营活动，不是筹资活动。筹资活动是指公司的融资，也就是股票、债券等融资的活动。这一点我们一定要注意。

有了现金流量表，我们就可以知道公司实际发生的现金流量，而不是应收账款。比如企业的净利润，它是以权责发生制为基础计算出来的。什么意思呢？权责发生制是指“两个凡是”。第一个凡是，凡是属于本期已经实现收入和已经发生或者应当负担的费用，无论款项是否收付，都应该作为当期的收入和费用。第二个凡是，凡是不属于本期的收入和费用，即使款项已经收付，也不应作为当期的收入和费用，就像企业的收入或者净利润，无论当期是否收到现金，只要已经发生了就要计算进去。现金流量表则是按照收付实现制也叫现金制来计算的。也就是说，必须是收到或者支付了现金，才能确认收入或者确认费用。它和权责发生制相比，具有更大的现实意义。在华尔街有句名言，“你可以把现金放进口袋里，但是你不能把收入放在口袋里”，比如一个公司，它的应收账款应该算收入，但是不算经营活动产生的现金流，因为应收账款还没收到。

不过在当期已经发生了这一笔销售收入，可以确认到销售里。一些企业造假调控净利润，往往是通过提前确认销售收入，或者推迟确认费用来进行造假的。所以我们看一个企业的经营活动能不能产生实际的现金流，实际上就能够看出这个企业是不是造假了。如果它的收入增长很快，收入金额很大，但是它的经营活动产生的现金流净额很小，那就说明公司提前确认的收入有可能涉及虚增利润。

可见通过公司的利润表，我们可以知道一个公司的竞争力，经营状况，以及它产生现金流和利润率的能力。但是只有通过现金流量表，才能够知道公司真实的经营行为，看公司有没有收到现金，这对于企业的偿债能力和支付能力来说，可以做出更可靠、更稳健的判断。

二、从现金流量表看东阿阿胶

传统上大家认为东阿阿胶是一家很好的公司，公司的产品年年涨价，供不应求。但是东阿阿胶突然爆雷了，业绩突然出现大幅下滑，股价暴跌。为什么会出现这种现象？很多人说，是不是白马股也不值得信任了？实际上如果我们认真地分析东阿阿胶的历年财务报表，就可以看出端倪。

一家公司经营现金流净额能否覆盖净利润，通常是衡量这家公司净利润质量的一项重要指标。比如我们熟知的一些绩优白马股企业，像茅台、格力，它们往往有很强的经营现金流产生的能力，通常都具备强劲的经营现金流净额，每年经营现金流净额都可以覆盖净利润，能够为股东创造长期的自由现金流。

而东阿阿胶的情况就不一样了。从 2006 年到 2010 年，东阿阿胶的现金流情况是不错的，每一年的经营现金流净额都可以覆盖当年的净利润，可以说盈利质量比较高。但是从 2011 年开始情况就发生了变化，这几年几乎所有年份的经营现金流金额都小于当年的净利润。2019 年半年来累计净利润合计为 120.72 亿元，而累计经营现金流净额仅为 74.73 亿，覆盖率只有 62%。这就说明公司的现金流的情况开始变差。

这说明了什么呢？是什么使东阿阿胶的经营现金流水平急转直下？这是否意味着东阿阿胶这些年持续增长的净利润有水分？我们可以把东阿阿胶经营现金流不理想的情况归为两个原因。第一个原因是驴皮紧缺，公司用现金流囤积驴皮，以备不时之需。也就是说，公司有大量的囤货，造成现金流不佳。第二个原因是公司放宽了信用的方式向渠道压货，也就是公司每年提高东阿阿胶产品的价格，导致销售不畅，但是为了保持公司的利润增长率，向渠道放了很多货，当然放宽信用就是赊账的意思。

如果东阿阿胶经营现金流不理想的状况是第一个原因，也就是驴皮紧缺，阿胶进行了囤货，这是一个好事，说明东阿阿胶的市场需求比较大。公司为了未来的销量，囤进一些驴皮作为原材料。而如果是第二个原因的话就不是好事了，这说明公司的产品不好卖，只能压给经销商。一旦经销商无法承担这么大的库存，就会造成业绩的大幅下滑。所以我们看一个企业的现金流，可以更好地知道企业的实际经营状况，而不仅仅是看公司的利润表，投资活动是企业将一部分资金投入每一个产品或者每个资产来获取收益。

当然投资活动有可能产生正的现金流，也有可能产生负的，主要看投资活动有没有盈利。筹资活动是企业根据对资金的需求，进行直接融资或者间接融资的行为。可以说公司的投资活动和筹资活动都是与企业的经营活动密切相关的，也就是为公司创业发展服务的。通过投资活动和筹资活动产生的现金流的信息，再结合经营活动产生的现金流的信息和企业的净利润进行分析，就可以对企业整体的投资经营状况进行全面客观的分析。我们有了这三个活动产生的现金流，就可以进行现金流量结构分析，也就是说每一种活动产生的现金流以及它的占比。

三、关注企业现金的来源

我们还应该了解企业现金的来源。一般来说，经营活动现金流占比比较大的企业，说明经营状况比较好，财务风险低，现金流量结构较为合理。反过来，如果一个企业主要靠筹资活动，产生了比较大的现金流比例，说明企业的财务风险较高。我们先来分析一下经营活动产生的现金流量，将销售商品提供劳务收到的现金与购进商品接受劳务付出的现金进行比较。在一个企业经营正常购销平衡的情况下，两者应该是大致可以比较的。这个比率数值大，说明企业的销售利润高。

企业销售回款良好，变现能力强，将销售商品提供劳务收到的现金与经营活动流入的现金总额进行比较，可以大致说明企业产品销售现款占经营活动流入的现金的比重，比重大说明企业主营业务突出，营销状况良好。将本期经营活动现金流与上期比较，增长率越高，说明企业的成长性越好。当一个企业要扩大规模，或者开发新的利润增加点的时候，需要大量的现金投入，投资活动产生的现金流量，补偿不了现金流出的时候，投资活动现金净流量是负数。

但是如果企业投资的项目好，将来产生了更多的现金流来偿还债务创造收益，那么企业就不会有偿债困难。所以我们在看投资活动的现金流量时，应该结合企业的投资项目进行比较，不能简单地根据现金流入是正的还是负的来比较优劣。

最后我们看一下筹资活动产生的现金流。一般来说，筹资活动产生的现金净流量越大，企业面临的偿债压力越大。但如果现金净流量主要来自企业吸收的权益性资本，比如通过发行股票，或者再融资来吸收的资本，那就没有偿债压力，说明企业的资金实力在增强。在分析的时候，我们可以将吸收权益性资本收到的现金与筹资活动现金总流入进行比较，占比越大，说明企业资金实力越强，财务风险越低。

通过上面的分析，我们可以知道现金流量表作为资产负债表和利润表的补充，提供的信息弥补了两者的不足，让我们看到了更完整的企业经营过程，有助于投资者评估报告期内公司的真实经营状况，投资者也可以通过现金流量表来分析本期净利与经营活动现金流量的差异的原因，从而判断企业盈利的真实性。

看现金流量表也有助于权益和债券投资者评估企业未来的现金流量，评估企业偿还债务、支付股利以及对外筹资的能力。

本节回顾

现金流就好比是企业的血液。无论企业投资者、债权人还是经营管理人员，不仅需要了解企业的资产、负债、所有者权益的结构情况与经营结果，更需要了解企业现金流入、流出及净流量信息，了解企业现金流入、流出的构成及其比例。因此，学习分析现金流量表是非常有意义的，希望大家都能受益。

第29节 留意财报中的这些指标

企业的财务报表反映了一个企业的经营状况，我们对企业的财务报表进行分析，就可以对企业报表中所提供的信息资料进一步进行加工，比较评价，从而分析出更多的内容，为投资决策提供依据，这是非常重要的，这也是我们做投资研究非常基础的一门功课，是我们做好投资的基本功。

记得我在北大读金融学硕士的时候，当时江国华老师讲的财务报表分析的课程就特别受同学们欢迎。虽然这门课看似枯燥，但是却非常实用。通过财务报表分析，可以了解一个企业的真实状况，而看一些分析指标，可以知道这个公司是否值得投资，甚至有可能预测这个公司有没有问题。记得当时我们在课堂作业上做了关于通用汽车公司以及福特公司的财务报表分析，最后得出的结论是：福特公司没问题，通用汽车公司的财务指标有问题，公司的养老金支出太多，可能会面临破产。

结果两年之后，2008 年金融危机的时候，通用汽车公司果然倒闭破产了。这说明财务报表分析确实非常强大，它可以预测一些公司未来的发展前景。这对一个基金经理来说，是至关重要的。

企业财务分析体系构建主要是从盈利能力、营运能力和偿债能力这三个方面入手。

一、盈利能力

什么是盈利能力呢？盈利能力是指企业在一定时期内赚取利润的能力。盈利能力分析是企业财务分析的重点，主要是对企业的利润率进行分析，包括资产盈利能力分析和经营盈利能力分析。

主要的指标包括净资产收益率、总资产报酬率、营业利润率等。我们最常用的分析指标是净资产收益率，也就是ROE，它是指企业净利润和平均股东权益的比值，是公司税后利润除以净资产得到的百分比。ROE这个指标反映了股东权益的盈利能力，可以用来衡量公司运用自有资本的效率。ROE指标值越高，说明投资带来的收益越高，股神巴菲特就非常喜欢这个指标，他说过，如果只能用一个指标来评判公司好坏的话，那就是ROE。当然，在美国市场企业的负债率一般有一个相对合理的水平，用ROE是合适的。

但在A股市场必须得注意，有些公司的ROE高并不是公司的经营状况好，也不是公司的主营业务盈利能力强，而是公司通过高杠杆、高负债率来实现的，这时候就得警惕了。如果一个公司的主营业务并不强，却有很高的ROE，很可能是公司通过高负债实现的，一旦融资环境收紧，资金链紧张甚至断裂，公司就会出现经营风险。所以我们只看ROE这个指标是不够的。那么我们还要看什么呢？我们看一个现在非常重要的指标，叫资本回报率，即 ROIC。资本回报率考虑了公司权益和债券两种资产整体的回报率，ROIC 的计算方法，就是用息前税后的经营利润，除以投入的资本，其中的投入资本既包括股票，也包括债券，从而能够更好地揭示一个公司的盈利能力。

现在很多著名的投资者都开始使用 ROIC 这个指标。比如外资就非常看重它。外资在投资中国股票的时候，会把所有的股票池的股票用 ROIC 进行排序，对于资本回报率较高的公司，他们会重点投资，比如茅台、格力、美的这些公司的 ROIC 比较高，外资每次流入的时候都重点流入这些公司。从 2016 年开始，我就建议大家关注外资怎么投资，他们看重的那些指标，也是我们应该看重的指标。

外资已经在海外市场摸爬滚打了几十年甚至上百年，他们看重的指标往往是非常有效的指标。我们也要学会看公司的资本回报率，至少要看公司的 ROE，也就是净资产收益率。

下面我们再看一个盈利指标，总资产报酬率，它是指企业在一定时期内获得的报酬总额和资本平均总额的比值，即，总资产报酬率 = 息税前利润 ÷ 资产平均总额。它是考虑了公司的净资产和负债在内的全部资产的总体获利能力，用来评价企业运用全部资产的总体获利能力，是评价企业资产运营效益的重要指标。

营业利润率是指经营所得的营业利润占消耗金额的百分比，或者占投入资本额的百分比。这种百分比能综合反映一个企业或者一个行业的营业效益，营业利润率在各个行业以及同一个行业的各个企业之间差异很大，并且不是所有的企业每年都能获得利润。比如，在美国大概有 20% 的企业没有能够获得利润，甚至出现了亏损。如果一个企业的营业利润率是负的，说明它的盈利能力确实不强。

二、营运能力

第二个重要的指标就是营运能力，营运能力是指一个企业基于外部市场环境的约束，通过生产资料和人力资源来实现的企业目标所产生的一些作用。

资产营运能力的强弱关键取决于资产的周转速度，也就是资产产出额和资产占用额之间的比率。营运能力分析包括流动资产营运能力分析、非流动资产盈利能力分析和总资产盈利能力分析，主要关注指标包括应收账款周转率、存货周转率、总资产周转率等。

应收账款周转率，是指企业在一定时期内应收账款与平均应收款余额之比，是指企业在一定时期内赊销净收入与平均应收账款余额之比，用来衡量企业应税收款周转速度以及管理效率。

它说明一定期限内公司应收账款转为现金的平均次数。公司的应收账款在流动资产中具有举足轻重的地位。公司的应收账款如果能够及时收回，公司的资金使用效率就会大幅提升。我们也可以用时间来表示应收账款周转速度，也就是应收账款周转天数。它表示，公司从获得应收账款的权利到收回款项变成现金所需要的时间。计算公式就是 360 除以应收账款周转次数，也就是多少天，企业能够收到账款。

存货周转率，是对流动资产周转率的补充说明，是衡量企业销售能力以及存货管理水平的综合性指标。它是销售成本与平均存货的比率，主要用来反映存货的周转速度，也就是存货的流动性，以及存货资金占用量是否合理，它能促使企业在保证生产经营连续性的同时，提高资金的使用效率，增强企业的短期偿债能力。

总资产周转率，是指企业在一定时期的销售收入净额与平均资产总额之比，是衡量资产投资规模与销售水平之间配比情况的指标。一个企业的总资产周转率越高，说明企业的销售能力越强，资产投资的效益越好。

三、偿债能力

最后我们看一下企业的偿债能力。偿债能力，就是企业偿还本身所欠债务的能力。偿债能力分析，受企业债务的构成内容以及偿债所需资产的制约，通常分为短期差价能力分析和长期差价能力分析。主要指标包括流动比率、速动比率、资产负债率等。

流动比率是流动资产对流动负债的比率，用来衡量企业流动资产在短期债务到期以前可以变为现金用于偿还负债的能力。流动比率越高，说明企业资产的变现能力越强，短期偿债能力也就越强，反之越弱。一般来说，流动比率应该在 2∶1 以上。流动比率 2∶1 表示流动资产是流动负债的两倍，即使流动资产有一半在短期内不能变现，也能保证全部的流动负债得到偿还。

速动比率是指企业速动资产与流动负债的比率。那么什么是速动资产呢？速动资产就是指企业的流动资产减去存货和预付费用后的余额，主要包括现金短期投资、应收票据、应收账款等项目。它用于衡量企业流动资产中可以立即变现，偿还流动负债的能力。一般认为速动比率维持在1:1比较正常。它表明企业的每一元流动负债就有一元易于变现的资产来抵偿。速动比率过低，企业的短期偿债风险较大；速动比率过高，企业在速动资产上占用资金过多，会增加企业投资的机会成本。

资产负债率是期末负债总额除以资产总额得到的百分比，反映在总资产中有多大比例是通过借债来筹资的，用来衡量企业利用债权人提供资金进行经营活动的能力，是反映债权人发放贷款的安全程度的指标。一般来说，企业的资产负债率的合适水平是40%到60%，也就是接近一半或者刚刚超过一半是通过借债来融资的。从债权人的立场来看，债务比率越低越好，企业运营长期有保证，贷款不会有太大风险。但是从股东的立场来看，在全部资本利润率高于借款利润率时，负债比率越高越好，因为企业所得的利润就会加大。

所以一个企业应该有一个合理的资产负债率，完全没有负债或者负债率太高都有问题。主要看一个企业全部资本利润率是否高于借款利润率，以及企业融资能力，在进行介入资本决策时，企业应当审时度势，全面考虑，充分估计预期的利润和增加的风险，权衡利弊得失之后，再做出正确的分析和决策。我们不能简单地说，一个企业负债率越高越好，或者一个企业资产负债率越低越好，但是激进的投资者喜欢负债率较高的公司，而保守的投资者，比如巴菲特就喜欢持有大量现金、负债率较低的公司。

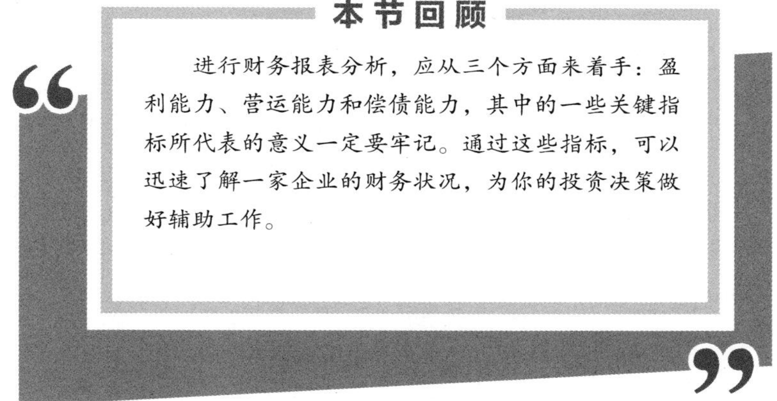

本节回顾

进行财务报表分析，应从三个方面来着手：盈利能力、营运能力和偿债能力，其中的一些关键指标所代表的意义一定要牢记。通过这些指标，可以迅速了解一家企业的财务状况，为你的投资决策做好辅助工作。

第30节 不同企业的不同估值方法

我一直倡导价值投资理念，即要买入便宜的好公司，什么样的公司便宜呢？便宜是怎么衡量的？这就要通过估值来判断。本节我们就来讲讲企业的估值方法。

估值方法通常分为两大类，一类是相对估值法，特点就是采用成熟的方法，比较简便。比如PE估值法，PB估值法，ev/ebitda估值法，PG估值法，市销率估值法等。另一类是绝对估值法，特点是主要采用直线方法。比如股利贴现模型，自由现金流模型等。我们用不同的估值方法来对不同的行业进行估值，因为每一种估值方法都不是万能的，它都有适用性。

如果你用一种估值方法走遍天下的话，肯定会出现很多误判的情况。比如，A股投资者通常喜欢用PE估值方法，因为PE最简单，但是它也有缺点，有一些公司处于微利的状态，或者是亏损的状态，你没法计算它的市盈率。而有些公司则是一些周期性行业，可能在市盈率最低的时候，是行业经营最差的时候，比如券商、钢铁这些周期性行业。PE这时候可能很高，但实际上它的原因是盈利太低，而不是股价太高。这时候反而是抄底的时候。

反过来，当公司的经营状况特别好的时候，往往是利润高点，PE 可能低了，但是股价可能高了。下面我们就一个一个来看，什么样的行业适合什么样的估值方法。

一、相对估值法

相对估值法，包括 PE、PB 和 ev/ebitda 等估值方法。

(一)PE 估值法

PE 是大家最熟悉的，也就是市盈率，它反映了市场对公司收益预期的相对指标。PE 估值法也就是市盈率法，是大家最常用的一种估值方法。

使用市盈率指标要从两个相对角度出发，一是这家公司的预期市盈率，又叫动态市盈率，和历史市盈率，也就是静态市盈率的比较。二是这家公司市盈率和行业平均市盈率的比较。

我们从行情软件中可以看到公司的动态市盈率和静态市盈率。静态市盈率是用去年已经公布的利润来作为分母的。而动态市盈率是用研究员对于今年可能盈利的预测来做的一种计算，所以这两者是完全不同的。静态市盈率是不变的，因为它已经公布了业绩。而动态市盈率随着时间的推移，研究员预测的变化可能会发生动态的变化。

如果某个上市公司的市盈率高于之前年度的市盈率或者行业平均市盈率，说明市场预计这个公司未来的盈利会上升。相反，如果市盈率低于行业平均水平，就表示与同行相比，市场预计该公司未来盈利会下降。也就是说，市盈率其实反映了大家对于公司未来盈利成长的一种预期，但是对于市盈率的高低要相对来看，不是说高市盈率一定不好，低市盈率一定要好。比如一些周期性行业，就要反过来看。而对于一些稳定增长的行业，我们可以适当地用市盈率方法来比较，比如消费行业，由于白酒、食品、饮料等消费公司盈利稳定，很少出现亏损，所以通过市盈率的比较，大致可以判断公司的股价贵不贵。

比如白酒股，在2016年的时候，估值只有20倍，而白酒行业的平均盈利增速都在20%以上。这样的话当时的估值就是便宜的。而到2019年白酒股已经涨了好几倍，变成了40倍以上的市盈率，可能是估值上已经显得贵了。当然估值高低是相对的。在不同的市场阶段，估值的弹性很大。比如在牛市的时候，市盈率可以涨好几倍，而熊市的时候市盈率可以低到好几倍。所以我们在看市盈率时，还要结合当时市场环境来进行比较。牛市的市盈率和熊市的市盈率是不同的。

那么不同行业怎么比较呢？这时候我们就要根据这个行业的特点，不仅要看公司现在的业绩，还要看它的增长率，也就是PG。比如，一个行业每年有20%的盈利增长，并且可以持续3到5年，那么我们就可以给它20倍左右的PE，也就是PG是1。如果一个行业每年只有10%的盈利增长，我们只能给它10倍的PE。如果一个企业每年有50%的增长，那么可以给它50倍的市盈率。当然，我说的盈利增长一定不是一年的盈利增长，而是3到5年甚至更长时间，可以持续地盈利增长。如果一个企业只有某一年业绩突然大增，而没有持续性，它的市盈率也不应该大幅提升。

市盈率的应用也存在很多弊端，比如，对一些初创企业就无法用市盈率的方法，在科创板上市的一些公司，本身就属于初创企业，还没有稳定的盈利模式，也没有稳定的盈利，市盈率往往很高。我们不能因为市盈率高，就判断这个公司股价一定是被高估了。如果这个企业具有比较高的技术门槛，将来成长为大公司，它现在的估值就是低的。反过来，如果企业无法成长，最后这个企业没有变成大公司，它现在的估值就是高的。所以对于高科技企业，我们很难用市盈率的方法来进行估值。

（二）市净率估值法

说完了市盈率估值法，我们再看看市净率估值法，也就是 PB 估值法。PP 的计算方法很简单，就是每股净资产。PB 的计算方法很简单，就是用股价除以每股净资产。市净率是从公司资产价值的角度估算公司股票价格的基础。也就是说，你要先核算出被估值公司的每股净资产，然后根据二级市场上这个行业的平均市净率，以及公司的经营状况、资产负债率和净资产收益率等情况来确定一个合理的市净率。

PB 估值法往往适用于那些资产规模比较大，但是利润额较低的公司，或者说经营比较稳定，可以有一个相对稳定的净资产的公司。比如银行、保险、房地产，这些公司比较适合用 PB 来估值。而对于一些周期性强、高风险的科技行业，是没办法用 PB 来估值的。因为很多科技企业并没有什么净资产，主要靠的是人力资本以及技术。

PB的应用，还有一个地方，就是一些暂时亏损的企业或者周期性行业在周期底部的时候，对于周期性行业，比如钢铁、煤炭，它们在行业底部的时候，往往盈利是亏损的。亏损没有净利润，那怎么用市盈率估值的？这时候只能用市净率估值，因为公司的净资产是存在的。如果市净率太低，可能就有机会了。但是市净率低有它低的原因。比如银行股，很多银行股都破净了。现在很多周期性行业，像钢铁、化工的企业也破净了。破净，就是说PB低于1，这也不一定意味着马上就可以抄底。因为这些行业PB低于1可能大家认为它未来的业绩增长会比较差，甚至将来可能出现亏损。所以我们看一个企业的PB是不是在合理水平的时候，要看企业未来的增长能不能实现。

（三）ev/ebitda估值法

说完前两种估值方法，我给大家再介绍一下ev/ebitda估值法，这也是最常用的一种方法。20世纪80年代伴随着杠杆收购的浪潮，ev/ebitda的方法，第一次被资本市场的投资者广泛使用。大家可能对估值方法不是很熟悉，这个方法就是说公司的价值和公司资产的一个比较，这个资产不是大家经常说的EBIT，而是ebitda。

在当时，投资者更多的是把它看成评价一个公司偿债能力的指标。随着时间的推移，ebitda开始被投资界广泛接受，因为它非常适合用来评价一些前期资本支出巨大，而且需要在一个很长的时间对前期投资进行摊销的行业，比如酒店、物业、出租业、核电行业等。ebit是指息税前收益，而da则是加上了折旧以及摊销，就是说把利息支出、税务、折旧、摊销都加到净利润上，从而知道公司整体的一个盈利的能力。ev/ebitda 的估值方法现在已经得到广泛应用，主要是对一些被收购的对象进行评估，看收购对象的估值是不是合理，通过算出公司的价值，以及息税折旧摊销之前的盈利，从而确认公司估值是否合理。

当然这个计算方法相对比较复杂，一般投资者可能比较难以掌握，它主要是一些投行在进行并购的时候经常使用。

二、绝对估值法

（一）DDM 模型

股利贴现模型也叫 DDM 模型，它是最基础的模型。这种估值方法是假设股票的内在价值、可以用股票每年股利收入的现值之和来评价。股利就是公司分红，发行股票之后给股东的回报，它是按照股东的持股比例进行利润分配，每股股票所分得的利润就是每股股票的红利。

由于这个模型使用的是预期现金股利的贴现价值，比较适合分红多且稳定的公司，一般是指非周期性行业，比如消费行业，而对于分红很少或者股利不稳定的公司，周期性的行业都不适用。如果很多公司都不支付现金股利，或者说股利支付不稳定，那么可能很难用股利贴现模型，像 A 股市场就很难用这种方法。A 股有很多上市公司是“铁公鸡”，上市之后从来不分红，那就很难得到它的股利。

（二）DCF 模型

另外一个绝对估值方法是自由现金流模型，也叫 DCF 模型，是目前最为广泛使用的估值方法。

很多研究员都使用DCF模型，它提供了一个严谨的分析框架，系统地考虑公司价值的每个因素，最终评估一个公司的投资价值。DCF 和 DDM 的本质区别是，DCF 估值法用自由现金流替代股利，假设公司会快速成长若干年，然后平稳成长若干年，也可以算作永续成长。因为我们假设上市公司是永续存在的，把未来所有赚的自由现金流，通常预测十年以上，长的可以达 15 年到 30 年，用折现率折合成现在的价值，它的原理就是巴菲特的一句名言，“一个企业的价值，等于这个企业在剩余寿命中创造的自由现金流的折现值”。

我们要搞清楚什么是自由现金流，简单说就是公司通过运营产生的现金，在扣除投资需求之后剩余的可供股东和债权人分配的现金。DCF 估值方法适合于那些现金流可预测度较高的行业，比如白酒、食品、饮料等这种稳定增长的行业。而对于现金流波动频繁不稳定的行业，比如科技类行业，准确度就很低。

通过以上几种估值模型的介绍，我们可以发现，不同的公司、不同的行业，估值模型是完全不一样的，没有一个模型能够适用于所有行业、所有公司。

比如传统制造业这样的重资产型公司，应该以净资产估值方法为主，也就是 PB，以盈利方面的估值方式为辅，也就是市盈率。而服务业类型的轻资产型企业则恰恰相反，是以盈利估值为主，净资产估值方式为辅。因为这些企业资产很少，主要看它的盈利能力。

本节回顾

本节讲了公司的几种估值方法，不同行业、不同公司适用不同的估值方法，我们要选择一个合适的工作方法来衡量目标公司的价值。最常用的两类估值方法就是相对估值方法和绝对估值方法。

相对估值方法包括 PE，PB，ev/ebitda 等，绝对估值方法包括 DDM，DCF 等模型。我们选择不同的估值方法进行估值，力争准确地给上市公司定价，这样我们投资的胜算就能大大提高。

第31节 估值的几个误区，你了解吗

上一节我们讲了几种常用的估值方法，并且讲了不同的行业和企业适用不同的估值方法。本节我们来讲讲在估值中经常遇到的几个误区，来帮助你更进一步了解公司估值，绕开估值的陷阱。

最常见的估值误区有哪些呢？我总结了一下，主要有三种。

一、DCF 模型简单化

上一节给大家介绍了自由现金流模型，也就是 DCF 模型，是当前研究员广泛使用的估值方法。算法很简单，原理也很简单，也就是说企业的价值应该等于企业在未来时间内能赚到的自由现金流的折现值。

很多人就想当然地直接套用去算估值，但是估算至少需要预测企业在未来 3 到 5 年的自由现金流，而实际上企业真实的现金流我们很难去准确测算。除非像茅台、可口可乐这种现金流非常稳定、增长也很稳定的公司，可以用自由现金流，并且很容易测算准确。但是绝大多数的企业想去预测 3 到 5 年的财务数据，准确性是非常低的。我们看到很多行业研究员会对上市公司进行业绩预测，往往未来的业绩预测时间越久远，越不准确。比如预测明年的业绩可能相对靠谱，而预测未来 3 到 5 年的业绩往往非常离谱。

实践证明，真正能预测未来业绩的研究员很少，连企业本身都不知道它未来 3 到 5 年会怎么样，更何况是一个研究员。而且在 DCF 模型里面，我们有一个假设，就是企业未来持续增长，产生利润，甚至有永续现金流的概念。但是在现实中我们需要去判断一家企业的未来本身就是非常困难的，有些企业可能经营几年就经营不下去了，有的企业经营几十年之后，主营业务都变了，变成了另外一个主营业务，这时候用现在的业务预测的现金流又有什么意义呢?

当然，我们讲这个模型的应用难度，并不是说不能在估值中使用这个模型，是提醒大家不能简单地使用自由现金流折现模型去直接计算估值，还要考虑实际情况。在应用中，我们用逆向思维，也就是排除法来看哪些公司不适合用自由现金流，这样的话可以最大程度地减少估值误差。

以下三大类企业，不适合采用 DCF 模型来估值。

第一类：生命周期可能比较短，或者自己无法确定的企业，初创的企业。这些企业的现金流自然是不稳定的，甚至可能是负数。

企业常年负债经营一般是走不远的，而对于先烧钱的高科技企业，用这种模型自然也是无法估值的。

第二类：利润含量低的企业。企业如果赚的利润大部分是应收账款，说明企业在产业链上处于弱势地位，产品和服务容易被替代，无法向客户催款，它的利润不等于自由现金流，无法在关键时刻为企业提供支持。像茅台这种盈利能力强，在产业链上处于强势地位的企业，应收账款非常少，甚至一些经销商为了拿到茅台酒，都要提前把货款打给企业。可以说茅台已收账款更大，很少有应收账款。这对于企业来说就是一个现金流比较好的公司。

第三类：夕阳产业。由于公司的永续增长率对估值影响很大，所以企业会不会增长也是使用自由现金流折现法时投资者需要关心的重要问题。这个增长不是去预测未来增长 2%~3%，而是考虑企业的商业模式是否能持续，企业发展是否可以更强，比如占领更多市场、发挥规模效应等，这样可以排除那些夕阳产业。

所以按照上面的方法，用自由现金流模型进行排除法判断，是不是也可以把这个模型的作用发挥得更好呢？

二、跨行业比较企业估值

投资人容易陷入的第二种估值误区是跨行业比较企业估值。不同的行业有不同的估值方法，所以同一个估值指标是不能用到不同行业里横向比较的，但这却是很多人常犯的一个错误。我经常看到有人问，科技股的 PE 有 70 倍甚至 80 倍，而银行股的 PE 只有 10 倍，为什么科技股的股价一直在涨，银行股的股价却还是在跌呢？实际上，由于不同行业相对各异的行业格局，市场空间和需求黏性，跨行业之间的估值比较并没有意义。

银行属于大行业，盈利的基数非常大，那么它未来的增长就会比较低。而当经济较差的时候，可能是银行反哺企业的时候，这样银行未来的利润增长率就会下降。而随着我国金融业逐步对外开放，外资银行开始设立全资的子公司，将来银行的竞争也会加大，这些可能都会影响银行的估值。经济增速下降的时候，银行的坏账也会增加，这同样会影响银行的估值。高科技企业则是技术创新的企业。现在全球处于第四次科技革命之中，科技的发展日新月异，一些科技企业如果拥有比较核心的技术，可能现在企业处于研发阶段、烧钱阶段，还是亏损的，但是将来可能有爆发性增长的机会。

市场对不同行业企业的估值方法不同，单纯用 PE 估值是不合理的，也就无法去比较它的 PE 是不是合理。对于银行、保险这类企业，我们应该用 PB 估值，用 PE 是不合理的。因为这些公司手里的资产大多数情况下都是现金，所以用 PB 去衡量银行、保险类公司被低估的程度相对合理。而高科技企业则是轻资产的公司，它本身就没有多少净资产，如果用 PB 估值就没什么意义。科技企业应用另类估值方法，比如对于一些高科技企业，我们用公司专利数、公司研发投入占收入的比例，对于互联网的科技企业可以考察公司的用户数、流量等。

如果我们单纯地用市净率的方法来比较银行和科技企业哪个更有价值，哪个更有投资的吸引力，是没有什么意义的。它们在行业体系中各有各的地位，在经济结构中也发挥着不同的作用。

三、低估值陷阱

最后一种误区是低估值陷阱。很多投资大师都认为低估值的企业是最安全、最可靠的投资标的。比如格雷厄姆，他认为一只股票的盈利收益率应该大于10%，也就是市盈率要小于十倍。

巴菲特也认为盈利收益率应该是无风险利率的两倍，但实际上单纯从PE角度低估值的去考虑企业价值，其实并不是很合理。有些便宜的公司看着市盈率很低，但是股价还在下跌，变得更加便宜。因为大家认为它未来没有成长。对于市场上便宜的企业，首先要认清究竟是它本身的价值被低估，没有被市场发现，还是它可能真的业绩不行，马上就要亏损，甚至退出市场。比如最典型的周期性行业，钢铁、煤炭的一些企业，年年亏损，甚至有的时候有些企业的市值还没有自己厂房本身的价值高。市净率破净资产，甚至可能比净资产要低很多，PB只有0.6倍。这时候单纯因为估值低去赌它的起死回生，风险其实是很大的。结果往往是股票被ST，甚至退市。

有一段时间市场上炒ST股很厉害，我们把这种行为叫作炒壳。因为一些公司想上市，但是需要排队，排队时间又很长，它们就想了个诀窍，或者说想了个捷径去借壳一些即将退市的绩差股，从而实现借壳上市。这些被借壳的公司一旦成功，就会乌鸡变凤凰，股价大幅上涨，吸引很多投资者炒作。借壳上市一方面可以搞活市场，但是另一方面也可能会产生利益输送内幕交易。

总有一些人会提前知道这些借壳上市的消息，他们就可能利用这些消息来牟利，从而损害中小投资者的利益。所以现在借壳上市的难度很大，近几年几乎没有企业成功地借壳上市。前几年最著名的借壳上市的案例就是 360 回归 A 股借壳江南嘉捷，江南嘉捷的股价一下子翻了 20 倍。这种乌鸡变凤凰故事的存在，导致一些投资者去炒壳。但是作为价值投资者，我是不赞成这种行为的。未来随着 A 股市场退市制度的逐步完善，注册制的逐步推广，这些绩差股可能会最终退市。

借壳上市越来越难，而允许企业借壳上市，或者很轻易借壳上市，就会导致市场的炒作之风，不利于价值投资的推广。另外，有些优质的公司看起来估值已经很高了，是不是就没有投资的价值了呢？当然不是。查理·芒格曾经说过，应该以合适的价格买入一家公司的股票，而不一定是超低价。这一点就连巴菲特也是从芒格这里得到的启示，在 20 世纪 70 年代之前，他继承了老师格雷厄姆的投资思路买入一些便宜的公司，俗称“捡烟蒂法”。也就是一个烟头在地上，你捡起来抽两口，因为是免费的，所以也是值得的。巴菲特就从市场上挑一些股价跌得很便宜的普通公司，直到他遇到了芒格。芒格跟他说，人要以一个贵的价格买入一家伟大的公司，不要以一个便宜的价格买入一家平庸的公司。从那以后巴菲特真正选择做伟大公司的股东，成就了巴菲特的奇迹。

一家公司估值是不是高，应该是把它的现在与它的未来相比，而不是把它的现在与它的过去相比。比如茅台，在股价 200 元的时候，当时已经是 A 股股价最高的公司。很多人都认为茅台是天价，已经很贵了。很多投资者对于股票便宜还是贵，往往是看绝对股价，这是非常错误的一个做法。因为不同公司的股本不同，也就是股份数不同。比如我们把茅台一拆十，那么它的价格就变成原来的 1/10，如果一拆一百，把它的股本数扩大一百倍，那么可能茅台股价就变成十几块钱。其实这个拆股仅仅是数字游戏，并不改变公司本身的估值水平。所以大家一定要纠正一种观念，即认为绝对股价低的股票，一两块的，两三块的，就比那些一百以上的股票便宜，而要看它的市盈率、市净率等这些估值指标贵不贵。

茅台是因为产品有稀缺性，甚至有收藏价值，放得越久越值钱，这是很多奢侈品都不具备的。茅台酒放一年涨 30%，放五年涨一倍，放十五年可能涨三倍。这种特征导致茅台的估值不断提升。

记得有一个同事在 2016 年我提出白龙马股的时候就问我，茅台股价这么贵，能不能买？我说这些白龙马股的价值会越来越高，可以坚定地去买。但是他一直觉得茅台的股价高，没有买。以后每次见面他都问我，茅台股价这么贵了，还能买吗？ 2019 年时茅台股价已经达到将近 1200 元。他见了我还在问，茅台股价这么贵了，还能不能买？回头来看，2016 年他第一次问我的时候，股价 200 元是一个多么被低估的水平。

本节回顾

本节我们讲了估值的几个常见误区。误区之外，我们在使用估值方法的时候，最好综合来考虑公司的行业特征，公司的估值指标，要选择一个合适的估值方法来估值，而不要从单一指标简单入手。我们只有从不同角度分析，真正地把握企业的真实价值，避开那些估值陷阱，才能真正找到值得投资的公司。

第32节

【案例】如何通过财报数据读懂一家公司

从财务报表中获得有用的数据，同时用合适的计算公式去计算，就能够得到一般意义上的指标。但是在实际应用中，针对不同的公司，我们要关注的数据不一样，这就需要具体问题具体分析。很多投资者都想让我举一个上市公司的例子，教给大家具体如何看一个公司的竞争力，以及怎么看它的财务报表数据。

我们就拿 A 股白龙马股的总龙头茅台来给大家做例子，看看茅台股票为什么能成为 A 股千元股，为什么能够在过去十年涨十倍以上，过去 18 年涨 180 倍。茅台作为世界三大名酒和中国“茅五剑”的领头羊，已经有 800 多年的历史，公司不需要我介绍，大家对它都已经耳熟能详，因为很多人都喜欢喝茅台酒。这就是茅台酒股票的特点，属于大众喜欢的股票，也就是所有的人几乎都认为茅台是个好公司。目前茅台酒年生产量已经突破 1 万吨，高中低档各种系列的产品占据了白酒市场的制高点。

虽然经过限酒令和塑化剂事件，但是茅台的龙头地位反而因此进一步巩固，茅台的价格更是芝麻开花节节高。2019 年 3 月 28 日晚间，茅台披露了 2018 年年报，报告显示，2018 年公司营业总收入 771.99 亿元，同比增长 26.43%，营业利润 513.43 亿元，同比增长 31.85%。归属母公司的净利润 352.04 亿元，同比增长 30%。公司在分配政策上，每十股派 145 元，可以说现金分红非常大方。

从这些数据来看，在规模体量如此大的情况下，公司还能维持高增长，可见茅台的实力确实强大。2018 年，在茅台业绩增长超出市场预期的情况下，白酒行业的整体表现却差强人意。统计局的数据显示，2018 年全国规模以上白酒企业完成酿酒总产量 871.2 万千升，同比增长 3.14%。累计完成销售收入 5363.83 亿元，同比增长 12.88%。累计实现利润总额 1250.5 亿元，同比增长 29.98%。从这个数据可以看出，茅台居然占据了整个白酒行业将近三成的利润。

在 2019 年上半年，我应邀参加白酒行业协会的论坛，做了主题演讲，白酒协会的负责人表示，白酒行业其实整体增长并不快，而且出现了巨大的分化："茅老五"是第一梯队，以茅台、五粮液、泸州老窖为代表的这些高端白酒盈利收入都大幅增长。而一些地方酒连日子都过不下去了，甚至有些酒厂已经破产倒闭。可以说行业的分化使得茅台这样的行业龙头股在行业中处于绝对领先的地位，占据了整个行业将近三成的利润。我们从贵州茅台的财务报表中就可以找到茅台在白酒行业占据领先地位的原因。

一、现金流

首先，茅台是一家拥有充裕现金流，而且几乎没有应收账款的公司。2018年年报显示，茅台的应收账款为5.64亿元，同比下降53%。跟它几百亿的营业收入相比，茅台的应收账款才几个亿，这充分说明了茅台在供应链上的话语权十分强势。应收账款那么少，是因为茅台缺钱才不肯赊账吗？现金流量表告诉我们，当然不是。茅台2018年现金及现金等价物净增加额为233.15亿元，同比增长92%，可见公司的现金是多么充裕。甚至在茅台的资产负债表上还有一项“吸收存款及同业存放”，一般来讲，这是在金融机构的报表上才能看到的，但是茅台不仅有，还有114亿元，这等于是别人把它这里当成银行了，放钱在这里收利息。可见对茅台的公司信用以及未来发展多么放心。

二、预收账款

从预收账款也可以看出公司的打款政策。2016年茅台预收账款是175.41亿元，2017年预收账款为144.29亿元。2018年年末公司预收账款135.8亿元，同比下降了8.49亿元。之前有传消息称，茅台2017年年底因为提价，不接受提前打款，所以很多公司是在2018年年底提前打了一个季度的款项，这也充分证明了茅台话语权之强。不是我不赊账，而是你怕订不到货，赶着给公司送钱。所以，茅台2018年收入的增长有一部分是来自预收账款的确认。四季度销售回款266亿元，同比增长45.9%，验证了年底打款政策。

三、产品毛利率

产品毛利率的提高主要得益于系列酒毛利的提升。报告显示，

2018 年茅台酒营业收入 654.87 亿元，同比增长 24.99%，销量 3.26 万吨，同比增长 8.1%，平均每吨酒价格大约是 200.6 万元，同比提高 15.7%。结合预收款指标，茅台 2018 年实际发货量稍低于 3.26 万吨，茅台酒销售毛利率高达 93.74%，同比上升 0.92%。茅台毛利率高得惊人，应该是 A 股市场上毛利率最高的公司。

四、系列产品

再看茅台系列酒，营业收入 80.77 亿元，同比增长 39.88%，销量 2.98 万吨。销售毛利率为 71.05%，同比增长 8.3%。茅台系列酒价格大致为每吨 27.1 万元，同比提高 40.5%，系列酒收入首次突破 80 亿元。未来企业重点关注的或许是打造大单品系列酒，而不是发展多品牌系列酒。

五、渠道

我们通过财务报表也能看出来，茅台酒公司直销下降接近 30%。2018 年茅台开始大力抓渠道问题，虽然之前也有抓渠道的问题，但是之前只是打压而没有实质性的处理，2018 年茅台向 17 家经销商开出了罚单，并且开始取消经销商的资格。但是取消经销商名额后，茅台的直销不但没有上涨，反而出现下降。2018 年公司直销收入为 43.75 亿元，同比下降 30%，仅仅占营业收入的 6% 左右，根据目前茅台酒供不应求的局面，公司对经销商的依赖度极低，直销的潜力非常大。至于为何当期直销比例同比下滑，茅台并没有对此做出解释，不过随着经销商渠道整治的推进，

2019 年茅台的直销比例大幅提升，而取消 437 家经销商，给公司带来了更多营收。基于茅台产量的稳步上升，通过渠道治理带来直销比例的提升，以及每 4~5 年提价 20% 左右的惯例，有研究员预计茅台的净利润大致可以实现五年翻一倍。

截至 2019 年 9 月 12 日，茅台的总市值是 13800 亿。五年以后，在估值不变的情况下，大概可以实现股价翻番，折合年化收益率 15%。应该说，投资于白龙马股，分享企业不断成长的收益是最确定的投资机会。

除了以上讲的数据之外，茅台 2018 年年报数据中还有很多反映公司经营状况的详细信息，并且有些关键指标财报本身就进行了解读，大家可以仔细阅读一下。这对于大家了解财报结构，学会财务报表分析非常有帮助。一般来说，财务报表可以从上市公司的官网下载，也可以从上交所或者深交所的网站下载，或者从第三方机构的页面下载，比如东方财富网等。

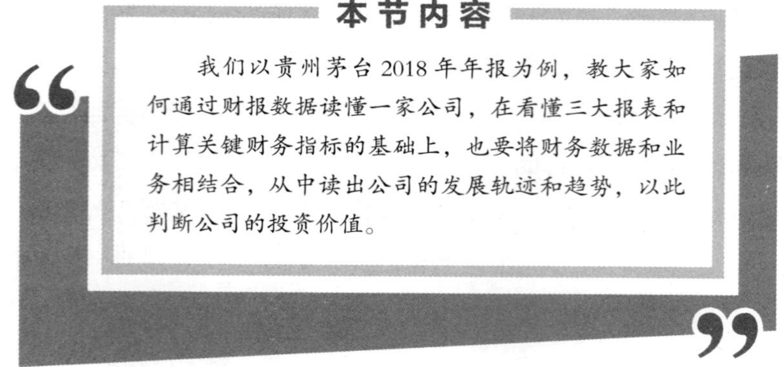

本节内容

我们以贵州茅台 2018 年年报为例，教大家如何通过财报数据读懂一家公司，在看懂三大报表和计算关键财务指标的基础上，也要将财务数据和业务相结合，从中读出公司的发展轨迹和趋势，以此判断公司的投资价值。

第33节 交易计划：长久赚钱的秘密武器

前面我们讲了宏观、行业、公司的分析方法，这些都是基本面研究的内容，扎实的基本面研究对我们做交易十分必要。接下来我们讲一讲实际交易中的操作方法。交易是投资最后的执行阶段，很多投资者看对了市场，但没有做对交易，结果功亏一篑。有句老话说得好：从看对到做对有很长的路要走。本节我们就讲一讲如何通过交易计划的制订和执行，实现长久赚钱的目标。

一、遵守严格的交易计划和纪律

要做好投资，首先有严格的交易计划和交易纪律。归根结底，投资还是要能从看对到做对，能够让收益落袋为安，而不仅仅是赚过。投资要从全局的角度把握交易，让交易有的放矢，而不是频繁地交易、频繁地出错。

投资要像巴菲特一样，既要战胜贪婪也要战胜恐惧。投资的方法其实很简单，就是要敢于在底部买入，在顶部卖出，低买高卖。太阳底下没有新鲜事，每轮的牛熊转换，其实都是同样的故事；但为什么很多人就是做不到呢？即使有了经验教训，还是会在同样的地方跌倒。

有人说，2015 年最痛苦的词是“赚过”，不少经历过的人深有体会。在牛市里，仅仅是赚过还不够，还要真正赚到手。在市场上，真正的“赢家”不是看曾经赚过多少钱，而是能活多久，所谓胜者为王。

有位著名的交易员名叫利弗莫尔，他在 1929 年美国股市大崩溃之前，提前预感到了股灾的来临，紧接着他便提前做好布局，大范围地做空。后来，市场果然崩溃大跌，美国指数跌了 70%。这个交易员身价大涨，一年的时间赚了 1 亿美元，为此他还写了一本很有名的书，大家可能在书店看过，叫《股票大作手操盘术》。

一年之后，市场开始见底回升，他认为股市跌幅超过 70%，抄底时机已经成熟了，于是他开始反手做多。结果怎么样呢？市场在昙花一现的反弹后，开始了新一轮的下跌，这一次跌得更惨。从最高点算起，跌幅达到了 89%。也就是说，他在市场下跌 70% 的时候抄底，后来在下跌到 89% 的过程中，下跌杀伤力跟之前相比同样惨烈。你可以简单地算一下，一只股票 100 块，跌了 70% 到 30 块，你在 30 块的时候买入，后来这个股票从最高点算起跌了 89%，也就是跌到了 11 块，那么 30 块钱买入，跌到 11 块，你就会亏 63%。也就是说，尾部效应还是非常明显的。

熊市最后阶段的下跌还是非常凶猛的，这名交易员虽然在第一作中获得了巨额的收益，却在第二作中损失惨重，因为他反手做多了。据说他最后因破产而自杀。所以，对市场要有敬畏之心，这个市场没有常胜将军，如果想在市场中长久地生存下去，做到成功投资，就需要认真计划交易并制订严格的交易纪律。

二、精准出手，知行合一

想要有计划地交易，就要准确把握出手的时机，并且要知行合一、说到做到。其实很多人在 2015 年 A 股 5000 点的时候看到了风险，但真正行动规避风险的人寥寥无几，所以最后大多数人亏了大钱。由于 A 股做空的工具不多，所以当你预言市场要见顶的时候，只能去规避风险控制仓位。当然对一些个人来说，如果你擅于做股指期货，也可以在股指期货上布局空头，从而在下跌的时候也能赚到钱。

在具体的交易上，要制订严格的交易计划。也就是说，在买一只股票之前，要认真研究这个公司的基本面和未来的发展，要研究它有没有买入的价值，要研究它有没有上涨的空间。一旦研究透了之后，就可以瞄准时机，果断出击。所谓果断出击，就是要在价格还在低点的时候，果断买入。在投资中不要与趋势为敌，最好的操作时机就是当下，一旦上涨趋势形成，果断加大股票仓位；反过来，一旦下跌趋势形成，果断卖出股票。

进入股票市场的人，都希望赚更多钱。比如，想卖掉一只股票，发现趋势不对，大盘已经开始下降了，或者发现这个公司基本面恶化了，要把它卖掉，那你卖的时候就不用管自己成本的高低，果断卖出。

如果这个公司基本面真的变坏了，利空了；或者说，后市会有比较大的下降空间，那就要现价卖出，而不要期望等着反弹再卖。因为如果真的是利空，就不会反弹，也没有人给你反弹的机会去卖出。但如果真的反弹了卖，那很可能这个公司本身并没有真正地恶化，可能后市还有很大的空间。

股市有句谚语："最好的操作时机就是当下。" 当决定买一只股票或者卖一只股票的时候，不要犹豫，就在当下执行，不要等反弹或者调整的时候，再买或者再卖。决策的过程中，多花一些时间进行研究，一旦有了决策结果，就要果断出击，不要犹豫。很多成功的投资，就是在果断执行或者冲动的情况下实现的，而事后来看，往往都是非常正确的。

三、不要与趋势为敌

不要与趋势为敌， 尤其是A股，它是个趋势性很强的市场，一旦形成牛市，就会实现正反馈，股票的价格不断地创新高，吸引更多投资者，往往会涨过头。在这个时候，就要果断做多，加大仓位，不要涨一点加一点，最后让平均成本越来越高，而应该在低点的时候果断加满，越涨越减仓，这样会不断降低成本，在高点的时候就会获得最大的收益。而在下跌的时候，就要果断卖出，不要想着反弹后再卖，这时候往往等不到反弹的机会，犹犹豫豫只会错失良机，最后越套越牢。

四、不怕踏空，严防套牢

尤其是在股市下跌的时候，一旦趋势形成，不要抢反弹。有的投资者不喜欢空仓，空仓的时候手就会痒，老是想下单，老是想着我的资金是有成本的。但是空仓的时候，躲避了股市的下跌，不亏就是赚，这个收益是远远高于资金成本的。很多投资者买股票一定要满仓，舍不得空仓，就是这个心理作祟。

其实，发生深度被套的教训是非常深刻的，也是非常值得警醒的。深度套牢的教训，很多投资者有过。一位资深的华尔街人士曾说，其实踏空比套牢要好。不信看一下你的账户，踏空的时候，你的资金还在，没有减少，但是套牢的时候，你的资产在不断地缩水。所以，大家在做投资的时候，一定要克服这种怕踏空的心理，宁愿错过，不要做错，这是做投资的一个纪律。

五、只投资熟悉的领域

最后，对于自己熟悉的股票，可以重仓；对于自己看不懂的股票，不管涨多少，都不要去看，因为它和你没有关系。要赚到自己看得懂的钱，不要买自己看不懂的股票，不要赚不明白的钱。如果是稀里糊涂买股票赚的钱，也会稀里糊涂地亏掉。因为赚的是没有道理的钱，不知道这次为什么会赚钱。很多投资者遇到过这种问题：本来打算开盘之后买入一只股票，但这股票开盘之后跌了，那他就不买了，后来可能错过了一只大牛股；还有的投资者准备把股票卖掉，当天这只股票涨了，又不舍得卖了，最后错过了最佳的卖出时机。

那么基金业是怎么来制订交易计划和交易纪律的呢？基金公司对于交易有严格的限制，首先基金公司不能反向交易，也就是说当天把某只股票卖了，其他人就不能再下买单。如果有位基金经理买了哪只股票，那么全天不能下卖单。为了防止利益输送，**交易的第一个规则，就是不能反向交易。**

而为了防止盘面的变化影响基金经理的交易计划，有的基金公司会出台一些规定，防止基金经理老是看盘。比如一个基金交易部就规定：基金经理在9点半之前把该下的单下完，开盘之后原则上不能撤单，以防基金经理看盘做出改变。没有紧急情况，在交易时间不要下单，也不要撤单，这样基金经理能拿出更多的精力去研究基本面，研究大盘，而不会被盘中的波动影响，这样才能真正地贯彻知行合一。

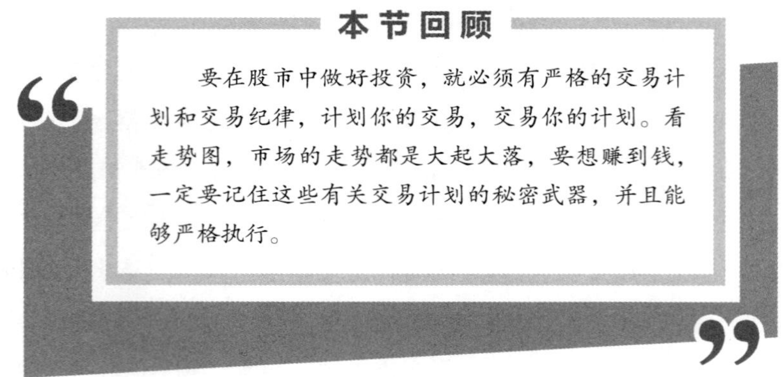

本节回顾

要在股市中做好投资，就必须有严格的交易计划和交易纪律，计划你的交易，交易你的计划。看走势图，市场的走势都是大起大落，要想赚到钱，一定要记住这些有关交易计划的秘密武器，并且能够严格执行。

第34节 左侧交易：怎么在买入的时候就赚钱

交易计划和交易纪律，是做好交易的第一要务。如果不能按照交易计划有纪律地去做交易，就算侥幸获利，总有一天也会亏回去。这一节我们来讲一种价值投资非常重要的交易方法——左侧交易。

一、认识左侧交易和右侧交易

什么是左侧交易？什么是右侧交易？这两者是怎么区分的？

在市场上涨的末期，以大盘顶部为界，凡是在顶部还没有形成的左侧高抛或者做空的都属于左侧交易。而如果在顶部回落后杀跌的就属于右侧交易，也就是趋势已经出来之后进行的交易。反过来，如果在市场下跌的末期，以市场底部为界，所有在底部左侧就低吸做多的属于左侧交易。而在市场见底回升之后追涨的属于右侧交易。在投资实践中我们发现，中国大多数股民其实是采取右侧交易的法则，也就是说，当他们看到股价创出新高时，才明白行情开始了，开始去追涨。往往在股价 K 线顶部的右侧买入，因为往往追到的时候是阶段性高点，买入后就开始下跌、被套，忍受不了的时候只能割肉卖出。这就是股市中只有少数人赚钱的根本原因。很多人的操作方法刚好是错的，不是低买高卖，而是高买低卖。

当然，判断大盘的顶部和底部是非常困难的。我们要掌握一些基本的方法，前面我讲过如何判断大盘的顶部和底部，大家可以复习一下。而判断个股的低点和高点相对容易，但也不可能在最低点买入，在最高点卖出。

二、判断股票的低点和高点

巴菲特曾经说过，只有愚蠢的人和偏执狂才会去判断一只股票的顶部和底部。因为每次顶部和底部、高点和低点都是事后才看出来的。你又不是上帝，怎么会知道呢？很难判断哪只股票是在最高点，哪只是在最低点，很少有人能够卖在最高点、买在最低点。这就涉及在做左侧交易的时候，很可能买在左侧，买了就被套，套很长一段时间才见底。也有可能你买入得太早了，最后少赚了不少钱！不过这样看上去吃了亏，但实际上还是比追涨杀跌的做法要安全得多。我给大家举例子来讲一讲如何做左侧交易，而这正是我所在的前海开源基金实践的例子，比较有参考意义。我们在过去几年来，三次进行了左侧交易。第一次是在2014年年初，当时市场在熊市的末期，大盘已经处在熊市七年，上证指数只有2000点，很多人都不相信A股会有牛市。而在这个时候，董事长王宏远先生率先提出了A股市场将迎来十年一遇的特大牛市的观点，旗下的基金也开始果断地建仓。

果不其然，2014 年 7 月，A 股市场开启了一波翻倍的大牛市。这样的话，我们就是在左侧进行建仓。当 2015 年 5 月市场涨到疯狂的时候，很多人讲 A 股会涨到 1 万点，而我们看到 A 股市场的泡沫已经很大，政府也开始清查场外配资，给股市降温。我们判断市场离见顶不远了，所以在 5 月份成功地把仓位降到了 10% 以下，躲过了 6 月 15 日之后连续九个月的下跌，也就是说，我们在减仓之后，市场又涨了将近一个月的时间，我们是在市场见顶之前进行了逃顶，能够在最高点 6 月 15 日避开顶部的人靠的是运气，而能够在 5 月份就卖出，实际上我们是在左侧进行交易。

可见 2014 年和 2015 年这两年牛市，前海开源基金成功地实现了左侧建仓、左侧逃顶。第二次左侧建仓是在 2016 年年初，当时市场经过容纳之后，市场信心全无，大盘最低跌到 2638 点，很多人都担心大盘会跌到 2000 点。但是我们判断这时候市场已经见底了，特别是沪深 300 这些蓝筹股估值已经跌到历史底部，所以我们开始全面加仓蓝筹股，基本上是在底部进行了建仓，成功地抓住了随后两年蓝筹股的大行情。而 2016 年 3 月，我提出 A 股市场将结束下跌，会有千点反弹的观点，受到市场的广泛关注。当然质疑的声音也有很多，事实上在当时建仓抓住了 A 股市场历史大底的机会。前海开源基金第三次左侧建仓是在 2018 年 10 月，当时市场再度陷入极度低迷之中，无论经济数据下降，还是贸易摩擦升级，都导致市场信心崩溃。上证指数大幅下跌，我们判断市场棋局明朗，利空出尽，所以进行全面加仓。虽然我们在 2018 年 10 月建仓之后，大盘还在下跌，到 2019 年 1 月 4 日跌到了这轮的最低点2440点，但是我们抓住了2019年市场大幅上涨的机会，业绩遥遥领先。可见，投资者要想真正地实现左侧建仓，要学会判断市场顶部和底部在哪里。

三、克服贪婪和恐惧

除了学会判断顶部和底部的方法，投资者要想真正实现逃顶和抄底，还要克服贪婪和恐惧的心理。有人说做投资是反人性的，只有克服了人性，在上涨的时候才能够克服贪婪，在下跌的时候才能够克服恐惧，才能真正赚到钱。而左侧交易的特点就是让你克服人性。比如，在左侧抄底的时候，你买了之后可能就会被套，这时候其实是主动买套，也就是说，你明知道市场可能还会下跌，但是已经跌到了你的目标价位，这时候建仓实际上是主动买套。因为你是不可能买在最低点的。在下降过程中分批买入，你可以获得一个底部的建仓成本，所以我们要判断市场的底部并不是判断哪个点是最低点，而是判断哪个区域是底部区域，你能够在底部区域分批买入，已经是抄到大底了。这样主动买套，等大盘反弹起来就能够很快地解套赚钱。

有句老话叫新股民站在高岗上，老股民“死”在抄底的路上，为什么有的投资者会“死”在抄底的路上呢？第一个原因就是过早抄底，大盘还没有跌透就开始抄底。

我在2016年提出了一个观点，反弹不是底，是底不反弹。也就是说，在市场进入熊市的初期，由于很多投资者还相信牛市没走，大盘还会再下跌之后快速反弹。其实这时候表明大盘还没有跌透，而等到市场真正见底的时候，在 2016 年 2 月，市场已经没有什么相应的反弹，反而是见底的一个时机。很多投资者抄底过早，市场第一拨下跌的时候就抄底，无疑就会“死”在抄底的路上。特别是在下跌的每一波中都进行抄底，都亏损，那么损失就很大了。

第二个就是一旦自己看好的股票下跌，就开始担心恐惧，一次抄底不成功，亏了 20%，第二次不成功，又亏了 20%，第三次抄底不成功，又亏了 20%，这样你的账户基本上就亏光了。对于自己看好的股票，只要自己买的成本不是很高，越下跌其实越是买入的一个机会，这时候就是要战胜恐惧心理。有很多散户投资者老是在底部的时候问一个问题，这只股票会不会跌没了？提出这个问题说明他对这只股票没信心，市场一跌他就没有底。也说明投资者对这只股票还没有研究透，不敢坚定地持股。

四、吃透公司的价值

我们在之前讲过，在买股票的时候，一定要认真研究，一定要把公司吃透，算出它的价值。这样的话，跌的时候才能够坚定信心，坚定持有，越跌越买。巴菲特说，如果不能做到自己买入的一只股票跌一半而无动于衷，那么你就不适合做价值投资。当然，他说的这句话比较极端，看到自己看好的股票跌一半而无动于衷的人是很少的。出现盈亏确实让人难受，但是要想做到成功投资，就要把公司的价值吃透，买有把握的公司，做风险可控的投资，这样才能真正实现价值投资。

左侧交易是典型的逆向投资，正是秉持人弃我取的原则，在股票低价时就介入持股待涨。而右侧交易看似买在股票的上涨期，却有很大的风险，有可能会高位站岗，也有可能买到了阶段性的高点，等到股价回调的时候，信心不足，卖掉的话又亏钱了。

我们在交易时要尽量避免去人多的地方，而高位往往是人最拥挤的地方。在交易过程中我们也会遇到股价多次波动的情况，如果你是左侧买入成本低，即使股价波动也可以心平气和。但如果你追涨买在高位，股价大起大落，折腾几次，你的心理承受能力就会降低。所以持仓成本看起来不重要，实际上会影响你持股的心态。

本节回顾

本节讲了价值投资主要的交易方法——左侧交易。左侧交易不同于右侧交易的追涨杀跌，它是在认真研究公司价值的基础上，在公司价格被低估时买入、被高估时卖出的做法，是价值投资的典型做法。左侧交易看似风险大，实则风险小，只要战胜内心的恐惧和贪婪，这种交易模式相当于你在买入的时候就跑赢了很多投资者，已经赚到了钱。

第35节 仓位管理：保证你在股市活得更久

仓位管理是投资的关键。散户亏钱往往都是因为仓位没管理好，小仓位赚，大仓位亏，来来回回白忙活。

其实做投资和买房子一样，我们知道地产公司的广告一再强调地段，也就是说，影响房价的因素有很多，而地段是最重要的。比如，深圳中心区的房价就比关外的房价高好几倍，而深圳的房价比内地城市的同样楼盘可能也高好几倍。所以在这里强调一下，在A股做投资成功的观点就是仓位管理，学会空仓，学会控制仓位，这样才能够在A股赚到钱。

对仓位的控制，要进行事前的风险管理，所以投资者首先要看清楚风控的价值，要制定严格的交易纪律。在这里以前海开源基金的实际操作为例，讲一讲如何在高位减仓、低位加仓，从而获得大量的超额收益。

2019年我作为前海开源两只FOF的基金经理，对于FOF基金经理来说，要想把业绩做好，就要做好仓位管理，也就是规划好什么时候配股票、基金，要配多少比例的股票基金，什么时候配债券基金。这些要根据对市场的判断来进行灵活调整。我管理的一只裕源FOF成为2019年业绩表现最好的FOF，成为A股市场上首只突破1.3元净值的FOF，收益率超过30%，而2019年整个行业的平均收益率不到10%。

我们为什么能做出这么高的超额收益？主要原因就是我们进行仓位控制。

2018年，由于受到贸易摩擦的影响，A股市场大幅下跌。前海开源裕源以债券基金为主，没有配置股票类的基金，成功躲过了2018年的大跌。而在2018年10月市场下跌最惨烈的时候，前海开源基金提出棋局明朗、全面加仓，我们在当时把前海开源裕源的股票基金的仓位进行了大幅提升，从而抓住了2019年4月之前的一波大幅上涨。

2019年4月整个市场开始亢奋，大盘涨到了3200点以上，我们判断全球经济有可能陷入衰退。而黄金有可能大幅上涨，所以我们在减少其他类型股票基金的同时，增加了黄金类基金的仓位，从而抓住了一波黄金上涨的机会，净值在之后又创新高，可以说这是对于股票基金、债券基金以及黄金资产等不同品类的资产进行合理仓位控制，才获得了30%的超额收益。

我们曾经做过一次测算，在中国做大类资产配置，最重要的就是配置好股票的仓位。因为A股市场是一个波动性很强的市场，A股一年的波动率达到40%，而债券市场的波动率可能只有4%。这样的话，债券配置得再好，也只能获得几个点的收益。但是对于股票配置来说，配置对了就会有巨大的超额收益。可以说在A股做大类资产配置，90%的超额收益来自股票资产配置比例。

前海开源基金以 2013 年到 2016 年这三年的基金平均仓位作为权重，用沪深 300 指数基金的收益作为投资标的做了一个模拟测算。

通过对仓位的控制，我们在 2000 点的时候大幅加仓，在 4600 点到 4800 点左右，把仓位降到 10% 以下，然后在 2600 多点进行抄底，最后超额收益大概是 80%。同时最大回撤控制在 10% 以内，远远跑赢了大多数投资者。所以从这一点来看，仓位的控制是非常重要的，是获取超额收益的主要来源。

当然在 A 股市场，普通投资者缺少对于股票大势的判断能力，于是不少投资者会要求基金经理帮他们选择仓位。所以国内基金公司发行了很多混合型基金，也就是股票仓位可以从 0 ~ 95%，给基金经理比较大的权限。

而纯股票型的基金最低仓位要求以前是 60%，现在已经提到了 80%。也就是说，你买股票型基金，基金在正常运行之后，至少有 80% 的股票仓位，这个比例没法下降，所以很多投资者宁愿买一些混合型的基金。而 A 股市场大起大落，这就导致股票型基金可操作的空间比较小，特别是在市场单边下跌的时候，和仓位灵活的混合型基金相比，很难及时规避风险。

所以很多基金公司就倾向于发行混合型基金，甚至有的基金公司通过基金合同，把股票型基金转型为混合型基金。美国的股市和 A 股不一样，美国股票的年波动率大概是 10%，债券的波动率是 4%，它们的波动率差别不大。所以在美国对股票和债券的资产配置比例同样重要。

很多有经验的股民永远不会满仓，都会留着一定的现金仓位，等到看好的股票跌了，就以更便宜的价格多买一些筹码，如果再跌就再买一些，从而降低持仓成本，等到这只股票涨的时候就可以赚到大钱了。但是其前提是对股票研究透了，确认它的价值是被低估的，这样才可以采取越跌越买的策略。如果说投资者满仓了，那就有可能短期被套。当然，对于好股票，即使短期被套也不可怕，只要你持有的周期足够长，就会解套。

但是很多 A 股投资者并没有长期持股的习惯，被套之后就想着算了，不卖了，我就当长期投资了，结果越跌越多，而一旦跌幅较大，超过 30%，他的心脏就受不了了，然后忍痛抛售，最后就是在地板价卖掉了好股票。如果你想做长期投资，选了好公司后就长期持有，不要在意短期波动，如果你是做短线的，就不要用长期投资的思路去买股票，否则就会把短期的操作变成长期持股，最后深度被套。2015 年股市之后，有很多投资者的股票深度被套，把自己的签名档都改成了“多家上市公司股东”，可见其无奈。

有时候股票被套之后，你以为等到下一个牛市就会涨回来。能不能涨回来姑且不说，即使涨回来，你也可能因为股票被深套而错过一个大牛市。有一个投资者在 2007 年股市高点的时候追了一只股票，在 2015 年大牛市时，别人都赚了好几倍，他才刚刚解套，错过了整个大牛市。解套之后没舍得卖，然后到 2015 年下半年再次被套，又要等到下一次牛市才能解套，可以说是非常可惜的。我们都知道股神巴菲特是一个长期投资者，他认准公司之后一定会坚定地持有，他不看盘也可以不做仓位控制，这当然和他的长期资金有关。实际上在市场高点的时候，巴菲特仍然会卖出一些高估的股票，留有大量的现金，等到下一轮市场股灾的时候再去抄底。比如，2019 年，我和一些投资者到美国参加巴菲特股东大会，当时伯克希尔·哈撒韦账上的现金就有 1100 亿美元，也就是说，巴菲特空了 30% 的仓位，等着下一轮美股大跌的时候进行抄底。在美国市场，由于以美国机构投资者为主，市场的波动不大，所以往往在牛市里大家可以坚定地持有股票，而不用做波段。

事实上，除了 2020 年疫情导致的美股多次熔断，在过去 10 年，美国股市单边上扬，过去 30 年美国股市也是长久慢牛，所以在美股做投资仓位的管理就没那么重要。像美国的公募基金就没有仓位的意识。公募基金一直是满仓的，基金经理只负责选股，由投资者来负责仓位的控制。也就是说，如果你看好未来股市的发展，就多买一些基金；如果你不看好未来股市的表现，就把基金赎回。基金经理不帮你判断，只帮你选出好股票，他的选股能力就体现在他的业绩上，也就是说，他选的股票好，能跑赢大盘，那么他就是一个合格的基金经理。

在 A 股做投资，我们就无法像在美股一样始终满仓。因为 A 股市场是一个波动比较大的市场，虽然我认为从 2019 年开始的十年可能是 A 股市场的黄金十年，将会有一轮长久慢牛行情，但是市场的波动还是非常大，甚至不排除一次回撤超过 30% 的可能性，这样的话如果你不会仓位控制，没有在市场高点进行减仓，很可能在牛市里也会亏大钱，因为回撤的时候你可能会扛不住。所以在A股市场做仓位管理是非常重要的。

做仓位管理最重要的就是要掌握方法，要有一个平静的心态，不以涨喜，不以跌悲，只有这样才能够客观地进行仓位控制。有一句话说，会买股票的是徒弟，会卖股票的是师父，会空仓的是祖师爷，就是这个道理。

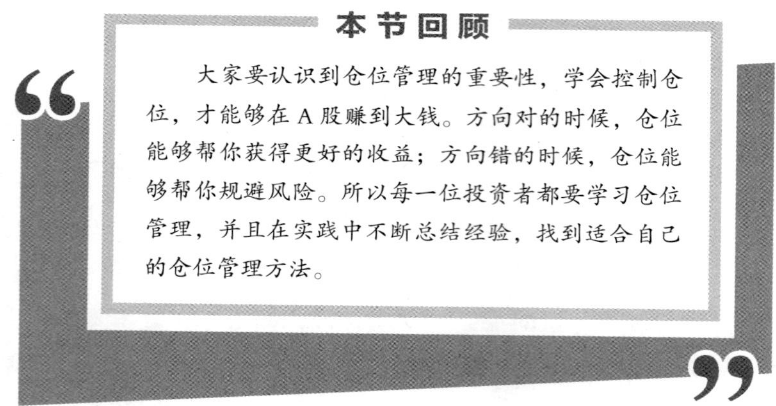

第 36 节 价值投资就等于长期持有吗

谈到价值投资，很多人耳熟能详，但是真正理解价值投资的人并不多。国内很多投资者以为买了不卖，长期持有就是价值投资，其实这是很严重的理解偏差。

为什么说价值投资并不等于长期持有？我们首先来看国内投资者理解价值投资的几个误区。

一、价值投资认识误区

第 1 种情况，在一个好的公司的价格被严重高估的时候买入并不算价值投资，公司再好，但是它被高估了，股价大幅偏离基本面，肯定是有泡沫存在的，这时候买入称不上价值投资。要等到它的价格回调之后，或者是跌到价值位之后再去买。

第 2 种情况，长期持有一只基本面不好的垃圾股，当然也不是价值投资，我们说价值投资要长期持有，但是如果长期持有的是业绩不好的股票，时间久了可能不仅赚不到钱，公司破产退市了，肯定就不是价值投资了。所以价值投资的核心就是要买入好股票。

第3种情况，在买入的时候还是好公司，但是后来基本面变了却仍然抱着不放，也不是价值投资。公司的发展都是动态变化的。随着市场环境的变化以及时间的推移，公司自身也在逐渐成长、适应。有些公司可能在新的浪潮到来的时候，没有跟上步伐，没有及时转型，所以被淘汰了。比如，诺基亚手机曾经是手机行业的领军企业，但是在智能手机时代没有及时转型，最终走向衰落。如果此时仍然抱着诺基亚不放，那就不是价值投资行为。

二、真正的价值投资

什么才是真正的价值投资呢？在我看来，真正的价值投资是在一个公司的股价严重低于它的价值的时候买入，而在股价严重高于价值的时候卖出。价值投资的要诀就是一定要有安全边际，就是说在股价严重被低估的时候买入，在股价严重被高估的时候卖出。我们知道A股市场的波动较大，在这种情况下，贯彻价值投资往往更有效，更容易跑赢市场。因为A股市场的下跌往往是泥沙俱下的，很多有价值的股票经常也会下跌，这时候就会产生一个很好的买点。

而在牛市的时候，很多股票涨得很快，以至于股价会涨得非常高，那么你就有一个高位出货的好时机。当然，在A股市场上有一些长期牛股，比如万科、茅台这些股票，如果长期持有确实能够获得良好的回报。但关键的问题是你要有足够的能力找到，同时能够坚定地长期持有这样的大牛股，这就需要你对公司进行深入透彻的研究。大部分人可能不具备发现这些超级牛股的能力，很多人是在股票行情走出来之后才知道它是一个长期牛股。

我们来举一个典型的巴菲特贯彻价值投资的案例，即 2016 年抄底苹果公司。我们知道苹果是一家优秀的公司，特别是在智能手机时代来临之后，苹果引领了全球手机市场的发展。苹果的市值一度是全球最大的，而公司持有的现金也是所有上市公司中最多的。苹果一家公司的市值一度超过俄罗斯整个国家的市值，但是 2016 年，iPhone 7 的销量不佳，很多人担心苹果的好日子已经过去了，苹果的股价也出现了比较大的波动。很多人怀疑乔布斯走了之后，库克作为新一届的 CEO 不能带领苹果再创奇迹。

这时候巴菲特出手了，开始分批买入苹果股票，后来苹果的股票大幅上涨，证明了巴菲特的投资是非常精准的。在他买入苹果之后，短短几个月的时间，苹果的股价已经接近前期的高点，甚至创出历史新高。巴菲特就是在市场对苹果公司前景悲观的时候，耗资 67.5 亿美元买入 6120 万股苹果股票。伯克希尔·哈撒韦成为 2016 年苹果公司前十大投资者之一。根据 2019 年 9 月 15 日，苹果股票收盘价每股 219.90 美元来计算，这部分持股的价值已经超过了 134 亿美元，浮盈 66 亿美元，三年时间收益翻倍。

在苹果上的成功投资，再次证明了巴菲特的投资理念。在一个好公司的股价被低估的时候，买入是一个比较好的投资机会。而在 2008 年金融危机的时候，当时美国很多股票大幅下跌，特别是高盛等大盘股。而这些公司当时存在生存危机，很多人担心它们要破产了。而这时候巴菲特以救世主的身份出来了，买了 50 亿美元的高盛股票，50亿美元的通用电气股票，同时买了大量的美国银行股票，他买的时候很多人都替股神捏一把汗，因为他这一次可能扛不住了，但事实上仅仅一年时间，巴菲特就把之前的浮亏都赚回来了。

而10年之后，他在这些股票上的投资赚了好几倍，时间不断地证明，巴菲特的价值投资理念是正确的。

三、价值投资要持有多久

既然价值投资不是长期持有，那么应该什么时候卖出呢？一般来说，我们在看到以下三种情况的时候就可以考虑卖出。

第1种情况是公司不再便宜。我们常说要在便宜的时候买入好公司。沃尔玛的创始人也说过一句名言，只有买得便宜才能够卖得便宜。所以当这个公司不便宜了，估值太高了，就要卖掉它。

第2种情况是公司没有想象的好。有时候好的公司未必会和我们预期的一样发展，如果它发展得不好，低于预期，可能也是要卖的时候了。

第3种情况是还有其他更好更便宜的公司。这是说资金的机会成本，如果有更合适的价值投资标的，显然要换过去，争取更大利润。

但看到以上三种情况时，也不一定说必须卖出，还要认真分析这个公司发展低于预期是不是暂时的，将来有没有实现预期的可能性。所以我们还是要结合公司的基本面来进行考虑。

可见价值投资知易行难。要想做到这一点并不容易，我们不仅要对公司有所了解，还要对市场有所了解。巴菲特说，在任何时候，任何市场，价值投资者都是少数派。也就是说，真正能够学会价值投资，真正能够把价值投资用在实践中的人永远是少数，而正是因为价值投资者是少数，所以做好价值投资才可以获得更大的收益。

本节回顾

本节我们讲了为什么价值投资并不等于长期持有，以及人们对价值投资的常见误区。我们也理解了真正的价值投资是在一个公司的股价严重低于它价值的时候买入，而在股价严重高于它价值的时候卖出，所以要认真学习对公司进行估值的方法，来判断股价是否处在被低估或者高估的阶段，抓住机会，规避风险，做好真正的价值投资。

第 37 节

交易杠杆，是财富加速器还是与魔鬼共舞

这两年我们常常听到一个词叫去杠杆，指的是金融机构或者金融市场减少杠杆的过程，而这里所谓的杠杆就是用借贷的方式扩充自己的本金，希望博取更高的收益。在股票交易中杠杆的意思也是同样的道理，但是在使用杠杆加速产生收益的同时，也带来了更大的风险。

大家知道 2015 年 6 月 15 日，A 股市场见到 5000 点的大顶，随后开启了连续 9 个月的大跌，实现了牛熊转换。在下跌过程中，很多中产阶级的财富瞬间被没收，很多投资者账户爆掉，主要的原因就是在上涨的过程中过度加了杠杆。无论是通过场内两融，还是通过场外配资，加了杠杆之后，一旦市场大跌，没有资金补保证金就要被强行平仓，血本无归。

市场上有一类公司专门给客户提供资金加杠杆服务，在场内配资的是证券公司，而在场外配资的俗称配资公司，它们在做业务推广的时候，经常会给投资者讲阿基米德的故事。我们在物理课上学过，阿基米德说“给我一个支点，我能撬起整个地球”，确实杠杆能够产生加速收益的效果，但在投资领域，如果杠杆使用

不当，很可能会给投资者造成灭顶之灾。

2008 年大盘受到金融危机的冲击，跌幅要比 2015 年大得多。为什么在 2008 年大盘跌了 60% 多的情况下，很多投资者没有把本金亏光，更没有爆仓，而在 2015 年市场下跌中，大盘仅仅跌了 40%，就有很多投资者爆仓？这是因为在 2008 年大部分投资者的账户是没有加杠杆的，股票跌再多也不会爆仓。但是加了杠杆之后就不一样了，一旦加了杠杆，股价的下跌可能就会让你的账户爆仓，也就是被强制平仓，从而血本无归。

凯恩斯曾经说过一句名言，资产的价格总是会回归理性的，但是你往往等不到回归理性的时间。确实如此。一旦加了杠杆，你可能等不到价格回归理性的时间，在黎明前就倒下了，这是无数人的惨痛教训。

市场泡沫大的时候，大家慎用杠杆或者不用加杠杆，要用自有资金或者自己可以支配的资金来进行投资，这样的话亏损你是可以承担的，否则有可能无法承担。

巴菲特说，时间是价值投资者的朋友，意思就是只要你以很低的价格买了一个好公司的股票，不需要关心大盘的波动，只要持有足够长的时间，就会获得比较好的回报；但是如果你加上杠杆，即使买了好的公司股票，时间也不是你的朋友了，它会成为你的敌人。一旦股价短期下跌，跌到平仓线附近，你就要被动补仓，交保证金。如果不能及时补仓，交保证金，就会被强平。强平之后你的账户基本上所剩无几，甚至有的时候平仓平不出去，你还倒欠证券公司的钱，所以大家一定要慎用杠杆。

美国市场有大量加杠杆的工具，但是美国的投资者已经有了100多年的经验教训，大部分投资者会把资金投向机构买基金，很少会自己买一些加杠杆的工具。所以杠杆基本上就是机构之间的博弈工具，因为这些机构对期货、期权等衍生品运用得游刃有余。即使这样，仍然会发生一些很大的风险事件，让这些机构倒闭。比如著名的巴林银行的倒闭，2008年次贷危机，雷曼兄弟的倒闭，等等。

最著名的案例就是美国长期资本管理公司的倒闭，它是由一些获得诺贝尔奖的著名经济学家组成的一个公司。它的投资理念很简单，任何的资产一旦偏离合理的价格，只要持有足够长的时间，价格总会回归它的价值。他们利用各种模型精准计算出资产的价值，然后在价格偏离价值之后，加上30倍以上的杠杆来放大收益。这个公司在前几年运行得非常顺利，用这个投资策略赚了很多钱，据说有几十亿美元以上，在理论上这个理念是没问题的。但是现实往往不像理论那么简单，果然发生了黑天鹅事件，长期资本管理公司很快倒闭。为什么呢？当时他们在赌俄罗斯的债券，俄罗斯的债券已经跌到远远低于理论上的价值了。然后长期资本管理公司加大杠杆，买入大量的俄罗斯债券。但是后来俄罗斯局势动荡，债券价格一跌再跌，甚至俄罗斯债券有违约风险。因为长期资本管理公司是加了杠杆去买的，所以就要在债券价格下跌的时候不断地补充保证金。最后他们消耗光了所有资金，再也没有钱补仓了。这件事情发生之后，整个华尔街都很震惊，担心会引发系统性风险。以摩根士丹利为代表的华尔街投行以及美国财政部联合起来，试图挽救长期资本管理公司，但是并没有起到实际作用，因为它的杠杆率太高了，最后只能听任账户爆仓、公司倒闭。

可以说，经营这个公司的是一群最聪明、对经济学和金融学研究最深入的人，他们的投资理念也没有太大的问题。之所以最后局势失控出现爆仓，就是因为他们加了 30 倍以上的杠杆。所以少加杠杆，就算是融资和融券，我也建议大家少用，除非是自己特别有把握的股票。因为资本市场上没有确定的事情，唯一确定的事情就是不确定性，认为很有把握的股票很可能短期之内表现不佳，甚至短期大跌。

如果确实需要使用杠杆，尽量选择低位且在市场已经开始上涨时短暂地加杠杆，并且要控制加杠杆的倍数，尽量不要超过一倍。千万不要用高杠杆来博弈市场上涨，一旦判断失误，结果可能就是毁灭性的。最后需要说的一点是，千万不要相信所谓的“内幕消息”，几乎每个人都在内幕消息上吃过亏，而很多人敢于加杠杆就是以为掌握了内幕消息。其实所谓的内幕消息传到你耳朵的时候，消息都不知道是几手的了，也有可能是别人放出来的烟雾弹，让你高位接盘。所以不要轻信这些谣言，更不要因此去加杠杆。

巴菲特说过，给你足够的内幕消息，再给你 100 万美元，你可能只要一年就破产了。确实如此。

本节回顾

本节主要讲了交易杠杆的作用，加杠杆能够使财富急剧增长，但是如果用错了，可能会有灭顶之灾。无数的投资案例告诉我们，要慎用杠杆。对于普通投资者，我建议不要用杠杆，因为在没有驾驭杠杆的能力之前，杠杆大概率上是一个魔鬼。与魔鬼共舞是极其危险的事。

第38节

【案例】前海开源基金仓位管理的指标和决策

过去几年，我所在的前海开源基金成功地抓住了市场的几个大的拐点机会，两次逃顶，三次抄底。很多人问，在我们成功决策的背后到底有什么样的体系？我们知道投资是一门科学，更是一门艺术。如果投资过程中艺术的成分过多，那就很难去复制。我们还是希望能够建立一套体系来增加科学的成分，同时加上我们的经验，这样的话离正确决策就更近一些。

本节我就给大家简单介绍一下，前海开源基金是如何进行拐点判断的。

一、8个指标

我们建立了一个大类资产配置决策的体系，基本上涵盖了最主要的几个因素，我们把它称作8个指标，包括政策走向、估值、情绪、流动性、外部因素、风险溢价、市场主题和基本面。这些因素在决策过程中都会有一些参考意义，但是在不同的阶段，这些指标所代表的权重不同。加上我们的经验判断，从而为最终的决策提供依据。这8个指标都是常见的一些指标，不用一一解释。

古人云，我们不仅要知其然，还要知其所以然。那么把这8个指标给大家讲清楚，教给你要知其然，知道我们做决策的背后逻辑，这是更关键的。很多投资者可能通过媒体报道知道我们看对了做对了，但是并不知道我们的判断依据，那么我回顾一下过去几年，我们在几个关键的时点是如何进行决策的。

二、拐点决策依据

在不同的阶段，这8个指标的权重是不一样的。因为不同的阶段，我们给它们打分的权重也不一样。

在不同的阶段，我们用不同的指标来进行分析，这样的话更有利于你了解我们决策的依据。

我们先看2014年年初，也就是前海开源基金公司刚刚成立的时候，那时候A股市场已经熊了7年，整个市场基本上信心全无，很多人已经不相信A股还能和牛市挂钩。当时我们对几个重要的指标进行打分，一个是从外部因素来看，2014年美国股市已经创了历史新高，到了15000点左右。而中国的股市还在2000点的历史大底上，中美股市之间的差距越来越大。

我们知道中美作为世界上两大经济体，股市的差距如此大是不合理的，最终肯定有互相靠拢的机会，要么是美股跌下来，要么是A股涨上去。而当时美股还在不断地创新高，不断地上涨。我们知道，美股已经涨了10年，道琼斯指数到了30000点，必然会引发A股上涨。所以在2014年我们就从外围因素来判断，A股市场可能会出现牛市。而从政策走向来看，国内面临着很多的经济问题。而在 2009 年我们为了应对金融危机搞的一揽子投资计划，当时效果是立竿见影的。现在还需要找一个突破点。

（一）看多

参考一下美国，通过把股市搞起来，带动消费，带动投资，从而带动整个经济的回升。比如美国 2008 年金融危机，美国经济出现了比较大的衰退，但是美联储通过三轮量化宽松政策，把美国股市激活，老百姓口袋里有钱了，就有更多的资金去消费，消费市场也就活跃起来了，而老百姓有钱了就可以还起房贷，房地产市场也活跃起来了。把资本市场发展起来，是解决经济下滑的一个重要方式。所以从政策走向来看，当时的政策是支持发动一轮大牛市的。

2014 年市场最低迷的时候，前海开源基金联席董事长王宏远先生率先提出 A 股市场将迎来十年一遇的特大牛市。

我们背后的逻辑，就是基于上面的分析，果然 2015 年，A 股市场出现一个特大牛市，并且比很多人想象的还要大。大盘从 2000 点直接拉到了 5000 点，不到 10 个月的时间，大盘涨幅超过一倍。A 股市场又到了全民炒股的时候，这时候作为第一家看多的基金公司，我们第一家看空。

（二）看空

2015 年 5 月 21 日，我们在媒体上发公告提示创业板风险，投资会决定把创业板股票卖掉，把混合型基金的仓位降到 10% 以下，同时 A 股 4000 点以上的新发基金都不建仓。

当时我们这个决策引起了市场的热议，反对的人很多，他们甚至把前海开源基金叫作“踏空王”，因为大家都认为大盘会涨到1万点，至少8000点。而我们在4600点左右就已经把股票基本上清仓了。但是后来看，我们当时是躲过了随后9个月的下跌。

2015年5月我们为什么要把股票基本上清空？

当时我们主要是看两个层面的问题，一个是市场情绪，一个是监管风险。

从市场情绪上看，2015年A股市场已经从牛市变成了“疯牛”，并且是加了杠杆的疯牛。场内的投资者可以通过两融加杠杆，场外投资者通过信托进行场外配资。在市场高点的时候，场内配资量高达2.3万亿元，场外配资没有统计，但是我觉得比场内的还多。

2015年5月，政府认识到，如果市场再涨，投资者再这么加杠杆，那么风险会非常大。一旦出现下跌，可能就是踩踏式下跌。所以从2015年5月，国家开始清查场外配资。这时市场就发生了拐点。从之前的不断地加杠杆，不断地有资金进来，变为不断地去杠杆，不断地有资金流出，市场就会见顶。所以无论从当时市场的情绪还是从监管层面来看，市场都有见顶的风险。

从估值上来看，2015年5月，市场的估值已经很高，估值泡沫最大的就是创业板。创业板指数在2015年5月已经接近4000点，大概120倍的市盈率。这是什么概念？美国2000年科技板块泡沫破裂时，纳斯达克的市盈率是90倍，创业板当时的市盈率已经高于纳斯达克高峰的市盈率了。所以当时我们决定严控创业板风险，将创业板股票基本上都清空了。

而从市场成交量来看，当时 A 股市场的成交量一度达到 22500 亿元，这就显示出市场的情绪处于亢奋状态，这是难以维持的。当时整个 A 股市场的市值也就是 50 万亿元左右。也就是说，一天的成交量几乎占了总市值的 5%。每 20 天，市场所有投资者换一次手，可以说这是难以为继的。市场产生泡沫之后，泡沫可能会吹得更大。哪一天泡沫破裂，需要一根针把泡沫刺破，所以我们无法预计哪一天是最高点，但是我们可以判断，这时候就应该通过减仓来控制风险了。

而在 2015 年，这根刺破泡沫的针就是清查场外配资。6 月 15 日，A 股到了 5178 点的高点，随后经过三轮下跌，连续跌了 9 个月，而这 9 个月我们基本上是清仓等待，等待市场调整结束之后，找时机再全面加仓。大家知道 2016 年春节过后，市场的情绪已经跌到了低谷，因为 1 月份开年市场就垄断了，大盘在一周之内跌了 20%，我们当时仓位较低，所以我们在一开年就跑赢了大盘指数 20 个点左右。而我们对当时这 8 个指标的打分，就从 2015 年的负十分变成了二分。

（三）再次看多

也就是说，市场已经可以去考虑全面加仓了，我们在前面讲过，如何用基金销量、市场成交量、沪深 300 这三个指标来判断市场的顶部和底部。你可以再找出那些内容回顾一下。其实 2016 年春节前后市场就出现了抄底的机会。因为这三个指标都指向市场已经见到了历史大底。当时我提出一个观点，叫千点大反弹。

那么我们当时全面加仓了什么呢？加仓蓝筹股。为什么要加仓蓝筹股？一是市场虽然会结束持续下跌，但是只有沪深300的市盈率跌破了10倍，具备比较明确的抄底价值。而创业板当时还是很贵的，市盈率高达60倍，所以我们不会去抄创业板的底，因为创业板还没跌透。二是坚持价值投资。投资者经过股灾的教训之后，会认识到市场已经转向基本面决定的市场，只有业绩持续增长的好股票才会受资金的追捧，而绩差股和题材股会被不断地边缘化，甚至退市。

当时我给这一批业绩优良的蓝筹股起了个名字，叫作白龙马股，即白马股＋行业龙头。而白龙马股的总龙头无疑就是茅台。当时茅台的价格是200元左右，2019年已经超过了1200元。短短三年时间，茅台价格就翻了6倍以上，这还不算现金分红。大盘一直涨了两年。2017年年底，大盘涨到了3300点以上，最高到了3580点左右，相对于低点2638点，涨了900多点，初步实现了我在2016年提出来的千点大反弹。

（四）知行合一

2018年1月银行、保险大涨，带动指数迅速冲高，这时候市场的风险就来了。我们开始逐步控制仓位。2018年3月22日，时任美国总统特朗普突然进行301调查，发动了贸易战。虽然当时我们并不清楚贸易战的走向，但我们认为这是一个重大的风险事件，所以果断地进行减仓避险，直到2018年9月28日我们才开始全面加仓，而这一次全面加仓的理由很简单，就是棋局明朗。我们这个判断是从国际形势来看的，我们知道特朗普从2018年9月其实就已经给出了一个路线图，即他加关税的一个路线图。

事后来看，他加关税的节奏和当时他宣布的基本上一致，也就是说，他的底牌其实已经亮出来了。另一方面，特朗普在 2020 年 11 月面临总统大选连任竞选，一旦贸易战打得太长，我们进行反制，停止购买美国的农产品、油气，必然会导致特朗普的支持者出现动摇，因为支持特朗普的一部分是农业州，一部分是石油州。2019 年 6 月 5 日，我到华盛顿参加了中美金融研讨会，见到了美国商务部长罗斯和其他一些高层官员，感觉美国的精英层对中国虽然有抱怨，但是他们也不想无限升级中美贸易摩擦。

中美之间还是合作大于竞争，生意还是要做的。只是有些规则可能要改改。我认为大家一方面要认识到贸易摩擦的长期性、艰巨性，另一方面也不应该过度地夸大贸易上的影响。所以从国际形势来看，我们认为 2018 年 10 月就是可以全面加仓的一个市场低点，因为利空已经出尽。

从国内的经济形势来看，当时面对美国的挤压，我们必须做好自己的事情。那么在国内就会暂缓金融去杠杆，成立纾困基金来化解股权质押风险，同时增加对民营企业的贷款，来帮助民营企业渡过难关。税收方面也会大幅减税、降费等。这一系列政策出台应该是确定的，这也是我们当时全面加仓的一个理由。

所以大家可以看出，我们在每一个市场的拐点，判断加仓还是减仓，做到了知行合一。最重要的是每次都有背后的深刻逻辑。

我们做大类资产配置，做投资就是要学会用不同的指标来判断，用我们的经验来判断，综合起来每次就可以得出一个正确的结论。同时要知行合一，要把我们的判断应用到投资的实际上。

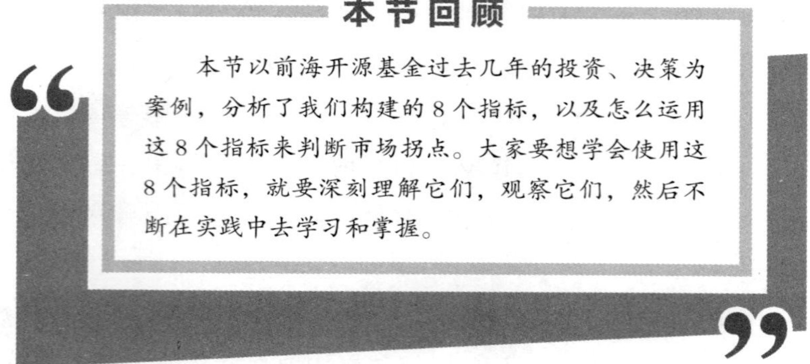

本节回顾

本节以前海开源基金过去几年的投资、决策为案例，分析了我们构建的8个指标，以及怎么运用这8个指标来判断市场拐点。大家要想学会使用这8个指标，就要深刻理解它们，观察它们，然后不断在实践中去学习和掌握。

※ 价值投资如何避开陷阱 ※

第 39 节
为什么坚持价值投资却依然会亏钱

很多人认为价值投资是放之四海而皆准的投资方法，应该在任何情况下都无条件坚持。这个逻辑本身就是有问题的。事实上，价值投资有特定的适用范围和条件，清楚地认识到价值投资的局限性，是成功投资的必经之路。如果只是盲目僵化地坚持价值投资，依然可能会亏钱。

本节我们就来谈谈价值投资应用的几个条件。简单地说，价值投资就是在股票价格低于公司内在价值的时候买入，在股票价格高于公司内在价值的时候卖出。因此，价值投资的第一个基本条件是，你所买的公司的内在价值应该是相对容易确定的。

一、公司内在价值相对容易确定

为什么巴菲特只买商业模式简单，并且跟人们日常生活息息相关的公司？道理很简单，这些公司的未来盈利增长非常稳定，所以它的内在价值很容易确定。巴菲特最成功的投资大多数在日常消费领域，像可口可乐、宝洁、吉列。

如果把这些公司的历史盈利状况表拉出来，几乎就是一条斜向上的直线，相反，有很多行业未来的现金流几乎是不可预测的，因此很难对公司的内在价值进行有意义的测算。在这种情况下，趋势投资往往更为合适。比如在有色金属行业，矿山的储量也许可以估计，但是这些储量在未来几十年什么时候能挖出来？挖出来之后，到时能以什么价格卖出去？这些都是不可预测的。所以市场上有色股票的走势常常是顺着它对应的金属价格的趋势而动，跟它的内在价值关联不大。

外汇交易也是一样的，大多数的外汇交易员是趋势投资者，为什么？因为界定一种货币的内在价值几乎是不可能的事。值得一提的是，在多数新兴行业和新兴市场国家，股票的价格很大程度上体现的是未来的增长，所以也很难界定它的内在价值。一个极端的例子就是 10 年前的互联网行业，当年很多亏损的公司股价还是很高的。再看今天的 A 股，很多行业公司存在同样的问题，如果你信奉价值投资就不能生搬硬套，要用发展的眼光看问题。比如在创板上市的一些公司，大多数都处于初创期。处于初创期的企业盈利肯定不好，甚至是亏损的。那么它们的估值高不高，就要看它将来能不能成功。如果将来能成功，估值就不高。因为它的业绩增长会消化估值，但是如果它未来不能成功，那它的估值就是高的，它可能会退市。所以对于这些内在价值不好确定的公司做价值投资就比较困难。

二、公司内在价值独立于股价

价值投资的第二个基本条件是所投资的公司内在价值应该相对独立于股价。我们来看看巴菲特投资的可口可乐、宝洁这些公司，不论它们的股票价格怎么跌，都不会影响公司业务的正常开展。

A 股市场也是这样，无论股价怎么跌，都不会影响茅台、格力这些白龙马股的业务。公司业务不受股价波动的影响，所以我们需要对基本面进行充分研究。相反，有一些公司一旦股价跳水，会直接影响公司业务的开展。例如在金融危机中倒闭的贝尔斯登和雷曼这两家投行，当时它们的股价暴跌，导致大批的对冲基金停止跟它们交易。还有很多对手方给它们提出提款要求，实际上就是一种挤兑。在这种情况下，这些公司的内在价值可以在一夜之间蒸发掉。

如果你坚持越跌越买的原则，那就是非常危险的。著名的投资大师索罗斯一再强调“反身性”，本质上就是价格对价值的这种反作用力。在一定条件下，这种反身性会自我加强，导致恶性循环。所以股价的表现会跟价值投资者的预期差距非常大。美国很多杰出的价值投资者在 2008 年血本无归，就是没有认识到这种反身性的力量。A 股中也有一些公司的内在价值依赖股票价格，最典型的是德隆系，当时它们靠着高价格的股票获取抵押贷款，来进行外延式的扩张。而一旦股价崩盘，公司就灰飞烟灭了。2015 年大公司股权质押崩盘的案例，也说明了这一点，很多案例历历在目。

三、在合适的市场阶段使用

价值投资的第三个基本条件是要在合适的市场阶段使用。市场的牛市的上半段往往更适合价值投资。因为牛市刚开始的时候，悲观情绪弥漫，很多股票价格被严重低估，这个时候正好是价值投资者大展拳脚的好时机。

到了牛市下半场，估值从合理水平向高估值迈进。铁杆的价值投资者往往对股市的泡沫充满警惕，可能会提前清仓出场，反而是趋势投资者更能顺势而为游刃有余。和大多数新兴市场一样，中国股市一向都是涨的时候超涨，跌的时候超跌。在牛市中期以后，股价一般已经高于公司的内在价值，但这并不意味着股市会见顶。如果严格地遵循价值投资，往往容易错过牛市的下半场，同样，熊市也是价值投资的陷阱。价值投资者容易抄底抄到半山腰。比如，花旗银行的股价从 60 美元跌到 1 美元的过程中，就套牢了一大批想要抄底的价值投资者。

所以说跟随市场趋势，要等市场趋势明确了再做定夺，这显现了价值投资的局限性。

四、选取合适的投资期限

价值投资的第四个基本条件是选取合适的投资期限。价值投资实现收益的前提条件是股票价格会向着它的内在价值靠拢。在现实生活中，价格偏离价值是常态，而价格回归价值往往需要漫长的时间，因此价值投资一般更适合长线投资。如果能像巴菲特那样投资期限在 10 年以上，也就不用担心第三个条件中提到的市场阶段问题了。因为 10 年足以跨越牛熊周期，相比之下，趋势投资更适合中短线投资者。

在 A 股市场中，很多投资者理念上对价值投资特别推崇，但是一到实际操作的时候，就经常快买快卖操作不断。这样的投资者不如全心全意地研究趋势投资，追涨杀跌更有可能获得收益。如果看长做短，也就是说在选股和买入的时候，想着要做价值投资、长期投资，结果买入之后，一旦有风吹草动又马上卖出，也就是看长做短，这样更容易亏钱。因为任何股票，哪怕是牛股，它也不是一路上扬的，中间会有很多次回撤。当然，我在这里讲价值投资的局限性，并不是要贬低价值投资。

相反，过去十几年，我一直都是价值投资的铁杆实践者。也正是在实践价值投资的摸爬滚打中，我才认识到要因地制宜、因时而异的重要性。对于任何一种投资方法，只有认清了它的局限性，才能提高应用的有效性。

本节回顾

本节主要讲价值投资的局限性，也就是说，不能在任何情况下都盲目地进行价值投资，而是要明确价值投资的几个条件；所买的公司的内在价值应该是相对容易确定的，所投资的公司的内在价值应该相对独立于股票价格，要在合适的市场阶段使用，选取合适的投资期限。

第 40 节
如何看透真风险和假风险

一直以来，在投资界有一个公认的说法：风险和收益成正比，风险越高，收益越大；要想高收益，得先承担高风险。

但事实真的是这样吗？很多散户朋友经常在股市上“追涨杀跌”，可以说冒着很高的风险，结果呢，不仅没有获得所谓的高收益，反而亏损得一塌糊涂。

反观巴菲特的价值投资策略，在自己的能力圈内寻找优质公司、利用市场波动低价买入，长期持有，获得极大的安全边际，风险大大降低，但长期来看却取得了惊人的高收益。

不仅是巴菲特，其实每个伟大的投资大师都是在追求那种风险是 1、收益却是 5 的投资。他们的投资收益靠的就是找到了风险 — 收益不对称的投资机会。

美国有位投资大师曾经发现硬币的制造成本是 6 分钱，但面值却只有 5 分钱，所以他大量地囤积 5 分钱硬币，他认为未来国家会调整货币发行，让硬币的铸造成本下降，那样这批高价发行的 5 分钱硬币就会因为稀缺而更值钱。所以他的投资风险极低，最坏的情况是这批硬币一分钱不赚，但肯定也不会亏钱，而向上的收益却没有封顶，很可能最后能卖到一块钱或两块钱，后来他真的赚了几十倍。他做投资的时候，风险是可控的，因为最差的结果就是按原面值卖出。

巴菲特说，风险来自你不知道自己正在做什么。从上面的例子可以看出，风险和收益往往不成正比，并不是说你承担了高风险就一定能有高收益。我们如果想要做成功的投资，就应该承担那些已经充分暴露的、大家都感受得到的，实际上危险性却很小的“假”风险，规避真风险。

下面我们从三个方面来说说假风险和真风险的区别。

一、感受到的风险和真实的风险

首先，我们来谈谈感受到的风险和真实的风险。人的感官有时候会欺骗你，比如飞机刚开始滑行的时候，你会觉得很快，但实际上速度并不快，而到了几万米高空之上，飞机开始高速飞行的时候，你反而觉得飞机飞得很慢。

股市也是一样的。股票暴涨之后，真实的风险上升，感受到的风险却在下降。低位的时候不敢买，到了 5000 点、6000 点的时候反而跃跃欲试。而股票暴跌之后，真实的风险其实已经下降，但感受到的风险却在上升。在股市 2000 点的时候已经跌无可跌，几乎没有风险，人们反而愁眉苦脸担惊受怕。这就是为什么会有“追涨杀跌”的行为出现，因为人感受到的风险和真实的风险正好相反。

巴菲特所说的“别人恐惧我贪婪，别人贪婪我恐惧”，就是这个道理，就是说别人看到的是感受到的风险，而他看到的是真实的风险。

航空保险就是利用感受到的风险和真实的风险不同设计出来的，乘飞机和乘汽车相比，相同的距离，乘汽车的死亡率是乘飞机的 60 多倍，但是人们反而不惧怕乘汽车而惧怕乘飞机。很多人觉得乘飞机的风险更大，实际上真实的数据统计显示，飞机出事故的概率只有 600 万分之一。

二、暴露的风险和隐藏的风险

所谓暴露的风险就是已经尽人皆知的，人们避之唯恐不及的风险，它的风险已经充分反映在价格里了，承担这样的风险我们会有机会获取高回报。同时，我们还要避开隐藏的风险，因为人们还没有意识到风险的存在，很有可能忽然爆发而导致股价暴跌。

举个例子，9·11 事件发生后人们都不敢坐飞机了，但实际上 2001 年 9 月 12 日坐飞机肯定比 2001 年 9 月 10 日坐飞机要安全，因为出事之后，各个航空公司的警备都加强了，其实是更安全了，暴露的风险大了，隐藏的风险小了。事实表明，9·11 之后的 10 年是美国航空史上最安全的 10 年。而 9·11 之后几个月，许多人以为驾车比坐飞机安全，结果高速公路车祸中的死亡人数比往年增加了 1500 人。

出于对风险本能的恐惧，即使机构也有可能区分不出暴露的风险和隐藏的风险。1987 年 10 月的一个星期一，美国股市当天大跌 23%，所罗门美邦公司的负责人非常紧张，下令解雇了套利部门的所有员工。与此同时，高盛的风险套利部门虽然损失惨重，但是负责人仍然充满信心，并鼓励员工在风险释放之后进行加仓，最后不仅弥补了全部损失，还略有获利。可见，能够区分并利用这两种风险的不同，是成功投资的必要条件。

三、价格波动的风险和本金永久损失的风险

最后，我们来谈谈价格波动的风险和本金永久损失的风险。

在牛市高点的时候，股市天天在涨，风险似乎不大。这时候一旦市场回调，大家反而都会说“千金难买牛回头”。但实际上，这时候本金永久损失的风险却很大，因为一旦跌下来，那就是踩踏式下跌。

而当市场在 2000 点时，股价“跌跌不休”，涨一天跌三天，价格波动的风险好像很大，但本金永久损失的风险却已经急剧缩小。

为什么人们常常会在底部斩仓呢？这是因为市场底部往往也是市场波动最剧烈的时候，大多数投资者承担股价波动风险的能力是很弱的，往往跌了 10% 就急着砍仓，而实际上有时候可能需要先忍受 20% 以上的浮亏，后期才可能赚到钱。这就是混淆了市场底部价格波动的风险和本金永久损失的风险，导致“割肉”在大底。

有个故事，一个失恋的人找到一位老和尚，他说失恋这件事情他怎么都放不下。老和尚就让他拿着一只茶杯，往杯子里倒热水，水满了烫到他的手，他就把杯子放了下来。老和尚说，失恋这件事情就跟这杯茶是一样的，痛了就放下了。

很多人投资股票也是一样的，涨了，开心了，就满仓；跌了，

痛了，就清仓。低点低仓位、高点高仓位。有时候最痛的时候可能就是黎明前，再坚持一下就能看到日出。特别是对于一些低估值的好公司，股价短期波动在所难免，但长期来看本金永久损失的可能性非常小，就特别需要投资者的耐心与坚持了。

不过，对于专业机构来说，如果负责管理他人资产，面对市场波动的风险更大。因为客户有可能会赎回，或者风控部门要求强制止损，这导致波动风险直接转化为本金永久损失风险。所以基金经理都是非常慎重的，在发产品之前会考虑各种情况，并且找到合适的客户群体。

而作为个人投资者，则不存在这样的顾虑。如果你能够识别假风险，就可以坚定地持仓，耐心等待获利机会。从这个角度来讲，个人投资者反而比基金经理更有优势。正因为如此，投资大师彼得·林奇一直认为个人投资者比专业的基金经理更适合做投资。

本节回顾

本节主要介绍了区分真风险和假风险的方法。通过对比感受到的风险和真实的风险、暴露的风险和隐藏的风险、价格波动的风险和本金永久损失的风险，能够意识到什么是假风险，什么是真风险。只有有效地甄别假风险和真风险，才能够做出正确的投资决策。

第41节

价值投资的两种陷阱：价值陷阱和成长陷阱

做好价值投资是获利的一大法宝，那么坚持价值投资就不会亏钱了吗？为什么做价值投资也会掉入陷阱？这节我们就来讲一下价值投资的两种陷阱：价值陷阱和成长陷阱，它们是导致投资不可持续的死结。

一、价值陷阱

所谓价值陷阱，指的是那些再便宜也不敢买的股票，因为它持续恶化的基本面会使股票越跌越贵，而不是越跌越便宜。有以下 5 类价值陷阱。

（一）被技术进步淘汰的股票

这类股票未来利润很可能逐年走低，甚至消失，即使市盈率再低也要警惕。比如数码相机发明之后，主业是胶卷的柯达，一度是胶卷行业的龙头老大，但是它的股价从最高 90 元一直跌到不到 3 块钱，这就是标准的价值陷阱。所以价值投资者对于技术变化快的行业一定要非常谨慎。

（二）赢者通吃行业里的小公司

所谓赢者通吃，顾名思义，就是行业里的老大、老二，抢了老五、老六的饭碗。在全球化和互联网的时代，很多行业集中度提高是大势所趋。行业龙头在品牌、渠道、客户、成本等方面的优势只会越来越明显。这时候行业内的小股票，即使再便宜也可能是价值陷阱。

（三）分散的重资产夕阳行业

最典型的就是国内的钢铁行业，它是一个重资产的行业，缸炉启用后永远不能停下来，一旦停下来，钢铁就会凝固，铁炉也就废了。而国内钢铁行业总体分布较分散，拥有很多厂商。这样很多公司就可能会在行业需求不断下降的时候，无法盈利，甚至亏损，这就是典型的分散的重资产夕阳行业。

当然，将来钢铁行业可能会通过供给侧结构性改革，以及兼并重组来形成行业寡头的格局，情况可能会有所改善，但是不建议大家重点投资。

（四）景气顶点的周期股

在经济扩张的晚期，低市盈率的周期股也常常是价值陷阱，因为这时的顶峰利润是不可持续的，所以周期股有时可以参考市净率和市销率的估值指标，在高市盈率时买入，因为这时候是谷底利润，利润比较低，市盈率比较高。

而在低市盈率的时候，也就是顶峰利润的时候要卖出，因为这时候行业处于顶峰，将来会走下降通道。所以对周期股的投资实际上是要逆向投资。那么景气顶点的周期股就可能是价值陷阱。

（五）有会计欺诈的公司

这类陷阱并不是价值股所特有的，成长股中的欺诈行为更为普遍。2019 年就出现了很多会计欺诈的公司，甚至有的公司账上 200 多亿元的现金都是假的，耸人听闻。这类公司肯定要避而远之。

总体来说，这几类价值陷阱的共性就是利润的不可持续性。所以眼前的便宜只是表象，基本面进一步恶化后就不便宜了。只要能够避开价值陷阱，投资可以很轻松，也就是找到便宜的好公司买入并持有，等到股价不再便宜，或者发现公司品质没你想象的好时卖出。这虽然是一个蠢办法，但就像《美国士兵守则》中说的，如果一个蠢办法有效，它就不蠢。

二、成长陷阱

成长陷阱，是指只看到企业目前飞速发展，而对未来过于乐观。成长陷阱比价值陷阱更常见。

成功的成长投资者需要具有能预测新技术走向的专业知识，能预判新企业成败的商业眼光，以及能预知未来行业格局的远见卓识。没有多年摸爬滚打的细分子行业研究经验和强大的专业团队支持，投资者很容易陷入以下 8 种成长陷阱。

（一）估值过高

高估值的背后是高预期，对未来预期过高是人的本性，然而期望越高，失望越大。统计表明，高估值股票业绩不达预期的比例远高于低估值股票。一旦成长预期不能实现，估值和盈利预期的双杀往往非常惨烈。

2015年下半年，创业板结束了长达三年的牛市，从4000点一路跌到1200点。在这个过程中，很多公司的股票成长预期不能实现，股价大幅下挫，腰斩的比比皆是，高的甚至达到80%～90%的下跌，给投资者造成了巨大的损失。

（二）技术路径踏空

我们知道成长股经常处于新兴行业中，而这些行业如太阳能、锂电池、手机支付等，经常会有不同技术路径的竞争。即使业内专家也很难在事前预见哪一种技术会最终胜出。这种技术路径之争往往是赢者通吃的一种竞争。一旦落败，之前的投入也许就全部打了水漂，这是最残酷的成长陷阱。

（三）无利润增长

上一轮互联网泡沫中无利润增长大行其道，以补贴、送钱为手段来赚眼球。如果是客户黏度和转换成本高的行业，比如C2C企业在发展初期，通过牺牲利润实现获客增长就是高频战略。但如果是客户黏度和转换成本低的行业，像B2C电商让利带来了无利润增长，往往是不可持续的。

还有一个典型案例就是共享单车，共享单车并没有找到合适的盈利模式，只是通过烧钱来实现无利润增长，虽然扩张很快，但最后大浪淘沙，剩下的不多。所以无利润增长是一个成长陷阱。

（四）成长性破产

即使有利可图的业务，在快速扩张时，固定资产、人员、存货、广告等多个方面都需要大量的现金投入，因此公司的现金流往往是负的，增长越快，现金流的窟窿就越大，极端情况就会导致资金链断裂，引发成长性破产。例如，拿地过多的地产商和开店过快的直营连锁店，特别是那些还没上市的企业，就容易面临这种风险。

（五）盲目多元化

有些成长股为了达到资本市场预期的高增长率，什么赚钱做什么，什么概念热做什么，随意进入新领域，陷入盲目多元化的陷阱。所以成长投资要警惕主业不清晰，为了短期业绩偏离长期目标的公司，特别是那些喜欢蹭热点的公司一定要警惕。当然互补多元化，或者相关多元化，也就是横向完善产品线和纵向整合产业链的公司，要另当别论。

（六）树大招风型行业

要区别两种行业，一种是有门槛的，有先发优势，成功能引发更大的成功；另一种是没门槛的，成功会导致更多的竞争者进入。在后一种行业中，成长企业失败的原因往往就是太成功了，树大招风，招来太多竞争者。比如团购，由于门槛低，如果有一两家成功了，马上就会有 3000 家团购网站出现，结果谁也赚不到钱。即使有门槛的行业，一旦动了行业老大的奶酪，引来反击，一样会破产。

（七）新产品风险

成长股要成长就必须不断地推陈出新。然而新产品的投入成本是巨大的，相应的风险也是巨大的，收益却是不确定的。像可口可乐这么厉害的企业，也在推新上栽过大跟头。一向稳健的消费股尚且如此，科技股和医药股在新产品上吃的苦头更是数不胜数。科技股的悲哀是费了九牛二虎之力开发出来的新产品常常不被市场认可，而医药股的悲哀就是新药的开发周期漫长，投入巨大，最后却不一定成功。

（八）寄生式增长

有些小企业的快速增长靠的是背靠龙头企业，比如很多小企业股票属于苹果概念股，企业主要为苹果直接或间接提供零部件。类似的还有为华为提供零部件的所谓华为概念股等。在中小盘行情中，往往这些股票会背靠大树好乘凉。特别是在苹果、华为等这些龙头企业手机销量好的时候，它们的股价也会大涨。但是很快就会跌回原形，因为它们并没有核心竞争力。寄生式增长往往不具有持续性，因为它们的命脉掌握在大企业手中，企业自身缺乏核心竞争力和议价权。不过也有些核心零部件生产商在自己的领域内处于寡头垄断地位，让下游难以替代；或者像英特尔那样成为终端产品的供应商，这些企业事实上已经具备核心竞争力和议价权，成了大企业。

成长是个好东西，人人都想要，想要的人太多了，价格就抬高了。人性总把未来想象得太美好，预期太高，再好的东西如果被过度拔高，就容易失望，失望之后就变成了陷阱。成长本身并不是陷阱，但对成长过高预期和过高估值却是不折不扣的陷阱。

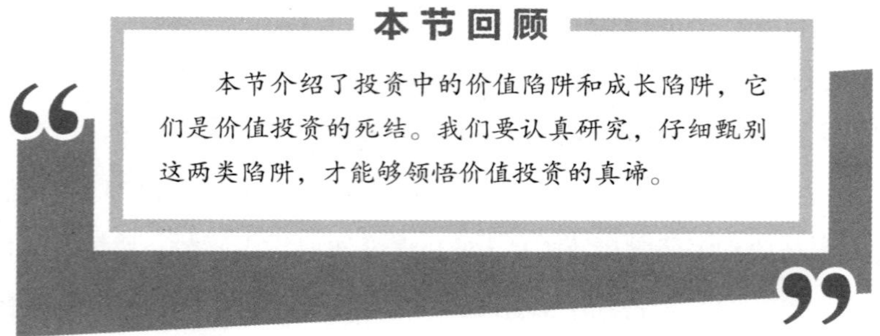

本节回顾

本节介绍了投资中的价值陷阱和成长陷阱，它们是价值投资的死结。我们要认真研究，仔细甄别这两类陷阱，才能够领悟价值投资的真谛。

第42节
如何做一只不合群的羊

我们经常说股市有羊群效应，指的就是在一个投资群体中，单个投资者总是根据其他同类投资者的行动而行动，在他人买入时买入，在他人卖出时卖出，也就是心理学上常说的从众心理。还有一些导致羊群效应的因素，比如一些投资者可能认为同一群体中的其他人更具有信息优势，从而采取跟随的策略。

羊群效应也可能由系统机制引发。比如当资产价格突然下跌，造成亏损时，为了满足追加保证金的要求，或者遵守交易规则的限制，一些投资者不得不将他们持有的资产割仓卖出。

一般来说，牛市的时候市场情绪高涨，大家纷纷入市，这种情绪非常容易互相感染，这时候投资者追涨往往会信心百倍地蜂拥而至。同样，当大盘跳水或者市场连续下跌的时候，恐慌心理也会产生连锁反应，人们会纷纷恐慌出逃，亏钱卖出去。这就导致所谓的追涨杀跌，这也是大部分散户亏钱的根本原因。所以我们需要牢记一点，一般情况下急速杀跌不是出局的时候，当市场处于低迷状态时，其实正是进行投资布局，等待未来高点收益的绝佳时机。在进行股票投资的时候，要尽量避免这种羊群效应。

这时候就需要秉持巴菲特推崇的“别人贪婪我恐惧，别人恐惧我贪婪”的逆向投资思维，才能够坚定地在第一时间进行投资布局，不被大众的情绪左右。如何才能坚持自己的投资？我建议投资人要结合自身的投资目标、风险、承受能力等因素，设定获利点和支撑点，同时控制自己的情绪来面对各种起落，增强个人克服急躁的能力，这样才能顺利达成投资目标。

投资基金的道理也是一样的，虽然基金投资更应该长线持有，但适度转换或调整投资组合也是必要的。有一些风险是无法避免的，比如市场周期性风险，即使明星基金经理，也必须承担随着市场景气与产业周期起伏的风险。也就是说，基金的净值也会跟着大盘波动，加上很多公募基金是股票型基金，是有最低持仓要求的，即使看空市场也没办法空仓。所以投资基金也不是买入持有就高枕无忧。

在 2018 年股票市场大跌的时候，我们主要配置了债券型基金。2018 年 10 月，前海开源基金提出棋局明朗、全面加仓的时候，前海开源裕源将权益仓位大幅提升。2019 年春节之后大盘大涨，净值得到了大幅提升。2019 年 4 月市场高点的时候，我们又果断地换成了黄金类的基金，因为我们判断全球经济陷入衰退的风险在加大，而黄金具有避险功能。所以在 2019 年下半年市场下跌的时候，前海开源裕源不仅没有净值回撤，而且净值创了新高，这就体现出买基金也需要选时和选品种。

同时你要培养自己知足常乐的心态，当收益达到自己的目标时要及时撤出，而不是看到周围的人疯狂就无法克制自己，继续加仓，结果等到下跌时造成亏损。牛市中很多人其实盈利不少，而且也很早就退出了，但因为后来抵不住诱惑重新进入市场，才买在高点被套牢。设定止损点，可以帮你锁定投资风险，从而避免产生更大的损失。

止损是做投资人的一项基本能力。它能保证我们的资产不被完全毁灭，从而不会丧失翻身的机会。毕竟我们不能保证每笔投资都是正确的。当发现市场预期和我们想的不一致时，或者公司基本面发生变化的时候，就要及时做出止损的决定，设置止损点，可以有效地将损失限定在我们可以接受的范围内，你可以设定在 10% 或者 20% 甚至 30%。一般而言，投资者要结合自身的风险承受能力，获利期望值，目前所处的年龄阶段，家庭经济状况，以及所在的市场特征进行综合考虑，同时定期检查投资回报情况，这样才能找出最适合自己投资组合的获利或止损区间。

要想成为不合群的羊，做出自己独立的判断，最重要的是要有独立思考和研究的能力。你要学着去对公司基本面进行研究，对市场情绪进行分析，从而判断出长线走势是否依旧看好；自己设定的止盈点和止损点是否符合当时市场情况。如果是因为市场短期调整而触及止损点，此时也不应该贸然卖出，以免市场马上反弹，结果你却因为耐心不足而卖在了低点。所以只是因为短期波动达到止损点的，如果能容忍继续持有的风险，或者应该重新设定警示点，甚至趁机加码达到逢低摊平成本的目的。

相反，如果市场空头趋势已经确立，就要坚定地执行自己的止损策略，及时卖出，避免产生进一步的损失。很多投资者在熊市的时候越跌越买，越买越套。最后套得越来越深，就是没有设置止损点，没有果断地执行止损策略，造成深度被套不得不做股东。同样的道理，如果大牛市趋势已经确立，你的止盈点就可以适当调高，不要获得小利就撤退，而是要坚定持有，一直到这轮牛市结束为止。但如果是在熊市里面的短暂反弹，就应该见好就收，达到止盈点的时候就及时撤退，以保住利润，进行下一轮的投资。

因此，归根结底对市场和公司的研判能力是我们可以成为不合群的羊的决定性因素，也是影响我们投资决策的重要因素。而提高研究能力不是一朝一夕的事，要在市场中长期磨炼，同时要对市场的情绪进行分析，对自己的情绪进行控制。所谓人多的地方不能去。资本市场中非常明显的赚钱机会很可能是陷阱，大家趋之若鹜，最终有可能让你血本无归。而一些非常优质的资产却很难被人注意，都是少数人最先潜伏进去的。等到多数人参与的时候，已经是少数人退出的时刻，这就是所谓的人弃我取。

索罗斯曾经说过，投资其实是一场盛宴，关键是你要保持众人皆醉我独醒的状态，要在盛宴结束之前离场，否则就有可能遭受比较大的损失。做一只独立的羊，要远离羊群效应，远离大众思维，采取逆向投资的方法来获取好的回报。

本节回顾

本节主要讲了资本市场中的羊群效应和如何做一只不合群的羊。大多数人在市场中是不理性的，容易受到大众情绪的影响。因此，要做到理性投资，我建议大家设置自己的投资止盈点和止损点，最重要的还是要养成独立思考、独立判断的习惯，不要随大流。可以这样想，如果大多数人做对了、赚到了钱，那么，大家赚的是谁的钱？大家还要对公司基本面和市场趋势情绪进行认真研究，从价值洼地中找到适合自己的投资标的，避开人多的地方，寻找真正的机会。真理往往掌握在少数人手里，这也是投资中的规律。

第43节 你最好忘掉买入成本

有很多人买了股票之后总会说我的成本是多少，也会问别人持有某只股票的成本是多少，由此来判断自己是盈利或者亏损，以及在后续的股价波动中来制订自己的交易计划和策略。

著名投资大师罗杰斯对经纪人说：“我要你替我买进甲、乙、丙三只股票。”

经纪人：“接下来要做什么？”

罗杰斯：“只要买进这些股票，然后告诉我是否成交就行了。”

经纪人：“要不要给你寄一些分析报告？”

罗杰斯：“拜托，千万不要。”

经纪人：“要不要寄一些参考资料？”

罗杰斯：“哦，不必了。”

经纪人：“要不要我告诉你成交价？”

罗杰斯：“不要，连成交价都不要告诉我。假如你告诉我成交价，我只要看到股价上涨两倍或三倍，就可能想卖出股票。我其实是想长抱股票至少三年，因为我认为股市将会出现二三十年少见的多头市场。”

结果可想而知，那位经纪人被罗杰斯说得哑口无言，认为罗杰斯根本就是个疯子。而后来的事实证明，罗杰斯的预测是正确的。

这个故事除了说明买进股票要做充分的准备之外，买入后忘却成本价也是非常必要的。

一、忘掉你的成本是成功投资的第一步

全市场除了你之外，没有人知道或者关心你的买入成本。因此，你的成本高低、是否亏损，对股票的未来走势没有丝毫影响，但是它对你的心态会产生很大影响。如果总是想着它，你就会将成本价作为衡量股票好坏的标准。忘掉成本，也就不存在亏损股和赚钱股的区别，也就不会总希望在哪里跌倒就从哪里爬起来。

许多人在某只股票上亏了钱，总想从该股票上赚回来，结果是在哪里跌倒就在哪里趴着，反而错过了很多投资机会。投资是一个不断比较不同股票的过程，与你所持有的成本无关。

二、投资者应该关心什么

（一）明确投资策略

投资者首先要明确自己是在做短线交易还是长期投资，抓住趋势止损，不止盈是短线交易的重要法则。而对于长期的价值投

资可能不是这样，我们常常听到越跌越买的观点，明确目标之后，总能找到合适的套路。怕的就是一开始短线交易却砸在手里套牢了，又自己替人做长线投资，无脑死扛。

2015 年股灾的时候，很多投资者的股票深度被套，只能硬扛着。2016 年年初股市又发生了熔断，一些投资者亏损很大，无奈地把自己的签名档都改成了“多家上市公司股东”。这就是硬扛着带来的一个恶果，损失越来越大。

（二）明确决策行为与是否亏损无关

从价值投资的角度来看，股票的投资价值取决于股价和内在价值相比是高还是低，与投资者的买入成本毫无关系，市场也不关心你的买入成本，因此该不该卖和是否亏损并没有什么联系。投资者卖出股票，只能是这三个理由，首先是公司基本面恶化，买入时的理由已经不存在；其次是公司的股价不再便宜，也就是说公司的股价有泡沫了；最后是有其他更好、更便宜的公司股票。

这三个理由都与买入成本没有任何关系。把买入成本当作锚，对于成本线以上和成本线以下的价格采取完全不同的策略，在成本线上风险厌恶，一有风吹草动就锁定收益，卖出股票。在成本线下风险偏好，风险偏好者无论如何都不亏钱抛售，等待一个虚无缥缈的未来解套，这纯属人性中的心理账户在影响你。

（三）明确心理账户和真实账户的不同

厌恶亏损是人之常情，卖掉亏损的股票被称为“割肉”。这个说法直观地体现了亏损和止损给投资者带来的痛苦。据说心理学家做过实验，亏损带来的痛苦，至少是同样盈利带来的快乐的两倍。人性就是如此。

什么是心理账户呢？这是芝加哥大学行为科学教授理查德·萨勒提出的概念，萨勒在 2017 年获得诺贝尔经济学奖。1985 年，萨勒教授发表了《心理账户与消费者行为选择》这篇文章，正式提出心理账户理论，系统地分析了心理账户现象，以及心理账户如何导致个体违背最简单的经济规律。

萨勒认为，小到个体家庭，大到企业集团，都有或明确或潜在的心理账户系统。在做经济决策时，这种心理账户系统常常遵循一种与经济学的运算规律相矛盾的潜在心理运算规则。它的心理记账方式与经济学和数学的运算方式都不相同，因此经常以非预期的方式影响决策，使个体的决策违背最简单的理性经济法则。

关于心理账户，我们举个简单的例子。如果今天晚上你打算听一场音乐会，票价是 200 元，在你马上要出发的时候，突然发现你把最近买的价值 200 元的电话卡弄丢了，你是否还会去听这场音乐会呢？实验表明，大部分的回答者还是会选择去听，可是如果条件变一下，假设你昨天花了 200 元钱买了一张今天晚上音乐会的门票，在你马上要出发的时候，突然发现你把门票弄丢了，相当于如果你想要听音乐会，就必须再花 200 块钱买张门票。你还会去吗？这次的结果是大部分人会说自己不去了，但是你仔细想一想，上面这两个回答其实是自相矛盾的。不管你丢的是电话卡还是音乐会门票，都是丢了价值 200 元的东西，从损失的金钱上来看并没有区别，但是结果却是相反的。因此，理性的做法就是忘掉买入成本，忘掉亏损股和盈利股的区别。不要期望从哪里跌倒就从哪里爬起来。投资是一个不断比较不同股票的过程，与成本无关。

之前我在南方基金的时候，和一位师兄也是一位基金经理聊到一个话题：换手率。

很多基金经理喜欢一年换好几遍，看到好的股票就会去换仓。但是，我们基金经理一年几乎都不换一次手，甚至有时候一只好股票会持有好几年。我就问他，你常年不换股票，平时做什么呢？那不就没事做了吗？这位师兄就跟我说，持有是最大的决策。这句话对我有很大的震动。你不要认为你持有一只股票就没有做决策，实际上你也在不断做决策。首先这个公司你认为它在朝好的方向发展，没有朝坏的方向发展。另外就是没有比它更好的股票让你换掉它。

有一句俗话说，守股比守寡还难，在A股市场上能够长期持有一只股票的人特别少。一方面大家经不起诱惑，看到好的股票，或者短期涨的好股票，就赶紧换手去追，而自己手里的股票，一段时间不涨就把它卖掉。另一方面是对自己所持有的股票研究不深，一旦股价出现下跌就赶紧止损、割肉。所以持有是最大的决策。你要想拿住一只股票，就要对这只股票进行基本面的充分研究，有充分的信心你才拿得住，而不是说你持有它就可以睡大觉，不用管它了。你还是要跟踪这个公司的动态，关注公司的基本面，一旦基本面恶化或者和你的预期不一样，你可能就要考虑卖掉它。

举这个例子就是给大家讲理性的做法就是忘掉买入成本，持有一只股票，也是一种决策。

本节回顾

本节讲了一个常见的现象，即买股票考虑买入成本的现象。然而对于成功的投资来讲，忘掉买入成本才是最重要的。投资者不应该关心买入成本，而应该明确投资策略，明确决策行为与亏损无关，明确心理账户与真实账户不同，真正用理性判断一家公司是否值得投资，而不要过分关注自己的持仓成本，这样才能拿住好股票，也能及时止损。

第44节 锚定思维如何影响交易

一、何为锚定效应

所谓锚定效应，是指当人们需要对某个事件做定量估测时，会将某些特定数值作为起始值，起始值像锚一样制约着决策。在做决策的时候，会不自觉地给予最初获得的信息过多的重视。

举个例子，你就明白了。大家都参加过“双十一”商家的促销活动，一般来讲打折后的商品都会在下面标一下原价，这样的话，你看到现价，然后与原价数字一对比，就会感觉现在的价格很便宜，一冲动就会买下商品。而原价和折扣价差距越大，你买的可能性就越大。价格标签上的那个原价数字之所以会影响你的决策，就是因为它在你的大脑中起到了锚一样的参照作用。你会不自觉地跟原价对比去衡量现在的价格，结果反而忽视了商品本身的价值对价格的决定作用。

锚定效应在投资交易中非常常见。比如 2015 年股市下跌的时候，上证指数已经跌到 4500 点，为什么很多人还舍不得卖呢？因为他看到前几天指数 5000 点的时候，想到自己账户当时的市值高点，总是想着反弹一些再去卖，结果再也没等到反弹。一路下跌，一路被锚定，然后就一路不甘心。最后快跌到底的时候，心态反而变成了只要能涨回来一点就卖，也不再盼望着能回到当初的价格了。所以当大盘开始反弹的时候，很多人马上就割肉。

成本价锚定效应也很常见。很多人只要价格低于成本价，处于被套状态，就舍不得卖出，套得越多这个情况就越严重。就像前文讲到的成本价并没有那么重要，不要盯着成本价来做交易，而要去关心公司的基本面和内在价值。

另外，还有大盘股、小盘股的锚定效应。有些人认为大盘股盘子大、涨得慢，小盘股相对来说更轻巧，不需要很多资金就能大涨。这种想法也是错误的。比如 2015 年牛市的时候很多人去追涨小盘股，创业板很多股票的市盈率超过了 120 倍，可以说泡沫很大，结果在股灾发生的时候，这些小盘股大幅下跌，给投资者造成了巨额亏损，有人在小盘股上甚至被套 80%。而很多大盘股则相对抗跌，比如银行股，在当时几乎没有太大的下跌。很多人对“蓝筹股”也是一样，锚定之后就无法改变，就算这只股票所在的行业已经走向夕阳了，却依旧认为是价值投资。

所谓的“牛市思维”“熊市思维”“点位预测”“追涨杀跌”，都可以说是由于思维被锚定导致的。一旦形成牛市思维，下跌时就会有“千金难买牛回头”的感觉，这样很容易在牛转熊的时候盲目地一路抄底造成亏损；同样，熊市思维让你以为“每次上涨都是反弹”，没有办法拿住优质的股票，刚一涨起来就卖出了。这也说明了为什么在趋势明朗时，股市往往会快速上升或者下跌；

而在不明朗时，则会剧烈震荡调整。因为在趋势明朗时，大家的锚定值一致，采取的行动也比较一致，所以市场走势也就更加明朗而快速；而当趋势不明朗时候，大家的锚定值一致性降低，行为也就不一致了，所以市场走势将会剧烈震荡。

由此可见，锚定心理会比较严重地制约投资者的投资行为。人们在认知世界的时候，是依据参照物来给外界定性的，同样，人们在认知股价的时候，也是依据参照物来给股价定性的。船上的锚就是为了定位而存在的，船随水位升降而沉浮，但是停泊的位置却不会变，这就是锚的作用。锚定思维如果用得不好，就会禁锢交易逻辑；如果用得好，就会帮助你定位自己的投资。

问题来了，我们应该怎么利用好锚定思维来帮助我们做投资呢？

二、如何利用好锚定思维

（一）要确定投资体系之锚

每个人都有各自不同的思维方式和投资理念，一旦形成某种思维范式，很难去接受其他的范式，这样你的思维也就或多或少地被锚定住了。就像芒格非常喜欢引用的一句谚语：“在手握锤子的人的眼里，每个问题都像钉子。”所以，投资者的交易系统也要有一个基本的准则。比如巴菲特，他投资的公司的产品一般很简单，很容易了解，这个基本准则可以说是巴菲特的投资之锚。

不管是价值投资，还是趋势投资，有了自己交易体系的投资之锚，就不会在充满噪声的市场中随波逐流。投资者要做的就是不断寻找，提取强势股共同的基因密码，在自己的投资之锚锚定的范围内，按这些密码提供的线索顺藤摸瓜就行了。

（二）要确定公司估值之锚

对企业的估值，才是投资者尤其是价值投资者真正的锚，有了这个锚，才能在市场的波动中不急不躁，或是挺过资本市场的寒冬。通过对企业合理严谨的估值分析，才能判断一只股票被高估还是被低估，是否值得投资，而目前的价格是从前期高点跌了 30%，或者从前期低点涨了 30%，都不是合适的锚，都不该影响你的投资决定。

在牛市时，投资者可能本身就因为乐观的情绪对企业产生了估值的溢价；在熊市时，则可能会因为过于悲观的预期对企业进行不合理的低估，所以前期高点和前期低点的判断其实只是一个阶段性的判断。而企业的财务报表所反映的企业的持续盈利能力、良好的偿债能力、强大的营运能力，才是衡量一个企业价值的基础。

本节回顾

“本节我们讲了什么是锚定效应，锚定思维是如何禁锢你的交易的，以及如何做好正确的锚定。交易也是心理的艺术，对价格的感知很大程度上是一种心理状态，人们很容易凭直觉判断“贵”和“便宜”。而实际上，通过理性的客观分析，就会发现我们其实受到了锚定效应的误导。因此，我们要确立以价值为基础的价格作为锚定值，这样才能让自己在投资时保持理性。”

第45节 这次不一样？历史一直在重复

哲学家黑格尔曾经说过，“人类从历史中学到的唯一教训，就是人类从来没有在历史中吸取任何教训。”这可能和很多人的感知不同，明明我们已经从历史中吸取了很多教训啊。其实你所吸取的教训大多数是在自己的预期之中，一旦超出预期范围，我们就会对自己说“这次不一样”。其实，历史不是仅仅朝着一个方向运动，它是一个周期，曾经发生的事情，在某个时间点，会用同样或者类似的方式再发生一次。可惜当事情再发生的时候，很多人选择相信“这次不一样”。

本节我们就来谈谈投资市场上出现的“历史一直在重复”，看看我们该如何去分辨是不是“这次不一样”，并用历史的教训警醒自己。

一、历史一直在重复

所谓“读史使人明智”，让我们来回顾一下人类历史上的投资泡沫。有记载的第一次泡沫应该是 17 世纪的荷兰郁金香泡沫，郁金香从土耳其被引入西欧，人们争相购买，投机者趁机炒高郁金香的价格。1637 年，郁金香的价格涨到耸人听闻的地步，一株叫“永远的奥古斯都”的郁金香售价达到了 6700 荷兰盾，而当时荷兰人的平均年收入才 150 荷兰盾，买郁金香的这笔钱足以买下阿姆斯特丹运河边的一幢豪宅。而当泡沫破裂之后，这些美丽的花朵被人们无情地抛弃，短短一星期之内价格下跌了 90%，甚至连一颗大蒜的价格都不如。人们陷入恐慌，无数人为此倾家荡产。荷兰政府最终决定终止所有合同，停止了郁金香投机交易。之后又陆续发生了南海泡沫和密西西比泡沫。1984 年，我国东北发生了“君子兰事件”，手法和历史上的每次泡沫都一样，但依然有无数人上当。人们纷纷加入“击鼓传花”的游戏，并期盼自己不是“最后一棒”。

金融市场上这样的现象更加常见。我想大部分的人应该还记得 2007 年和 2015 年的大牛市，在主升浪到来的时候，大部分人相信上证指数能够涨到 1 万点。即使经历了 2007 年的牛市，人们还是相信，2007 年虽然没有涨到 1 万点，但是 2015 年会。而结果是 2007 年牛市到了 6124 点，2015 年牛市在 5178 点就到了顶点。后来指数大跌，但很多人不相信，还坚定地认为这只是回调，牛市并没有结束，调整完之后，指数仍然会继续上攻，再创新高。只有少数理性的人找到各种“证据”，告诉大家牛市已经结束了，但很多人仍然不愿意相信，因为“这次不一样”。我想，到了下一次牛市，依然会有人继续犯同样的错误。

比如，美国 2001 年的互联网泡沫。当时全世界都在鼓吹互联网，那些完全没有任何实体产业的公司股价都飞上了天，最终泡沫破裂之后一片狼藉，小的互联网公司纷纷倒闭，大公司也元气大伤，直到互联网泡沫之后的十年，像思科、微软这样的公司，股价才回到泡沫破裂之前。仅仅炒概念的很多股票回不来了，甚至已经退市。比较近的例子应该是2017年虚拟货币的泡沫。难道他们不知道这是一场赌博吗？他们只是觉得“这次不一样”。

知道了这些历史，就应该明白“太阳底下没有新鲜事”，特别是金融领域。每一次的泡沫吹起和破裂几乎是同样的路径，并没有什么“不一样”。所不同的只是，你有没有在泡沫破裂之前及时离场。

二、保持理性最重要的是要真正了解公司的价值

保持理性最重要的一点，就是要真正了解公司的价值。回想一下我们做价值投资的原则，就是公司的股价要与公司的内在价值相匹配，如果偏离得太多，自然就是被高估了。再好的公司，如果被高估了太多，也不应该跟风投资，要等到它的价格跌到一个相对合理的区间再去买。而对于那些本身没有任何价值，只是单纯靠炒作将股价抬高的公司，就更要敬而远之，因为那本质上就是击鼓传花的游戏。前海开源基金之所以能够在牛市中逃顶，在熊市中抄底，没有被泡沫迷惑了双眼，靠的正是坚守价值投资的原则。

三、学会稳定情绪

还有一点，就是历史每次重演“吹泡沫”过程的时候，人们的情绪也是类似的，所以要学会观察和把握市场情绪。当人们一致认为某个市场可以赚钱并且蜂拥而上的时候，就要警惕起来。巴菲特说“别人贪婪我恐惧，别人恐惧我贪婪”，指的就是这种群体性情绪带来的往往是反面的效果，又叫羊群效应。如果稍加留心就会发现，每次大的利空出现的时候，股市盘面都会出现“恐慌盘”，有人心理上承受不住亏损而卖出股票，随后基本上就是反弹开始。美国有一个 VIX 指数，叫恐慌指数，当人们恐慌的时候指数就大涨，人们情绪好的时候指数就跌下来，就是利用了“别人恐惧我贪婪”的逆向投资思维。

认真研究历史之后，我们对待盘面的起起落落和周围人情绪的波动就会理性很多，这样有助于判断真实的股价，以及潜心进行研究。巴菲特就是因为胸有成竹，才能每天不看盘，只是坐在办公室里读书看报，持股待涨，甚至在发生股灾的时候，依然能悠然地在办公室里坐着，而不像别的投资人那样哭天抢地，根本原因还是巴菲特对他持有的公司有信心，对于经济发展的前景有信心。往往当下的行情都是历史的一次次重演和复制，重要的是要在每一次重复中学习历史的教训，找到真正值得投资的公司。

本节回顾

本节我们了解了"历史一直在重复"的本质，提醒大家不要在行情出现的时候就认为"这次不一样"，而要遵循价值投资的原则，去分析公司真正的内在价值，同时关注市场投资者的情绪，来判断行情所在阶段，做出理智的投资决策。以史为鉴，是我们在任何领域最好的学习方法，在投资领域也不例外。如果能够将过去几十年的行情走势认真复盘，找出每个时代、每个阶段的大牛股，相信你能够学到很多东西。了解每次市场的泡沫以及产生的过程，一定可以让大家少走弯路。

第46节 成功的投资不需要太聪明

说到投资，常常有人说，都是聪明的人做投资做得好，智商不够高的人做投资肯定是赔钱。但是，在现实生活中，真的不一定只有聪明人能够做好投资，甚至有些聪明人还会“聪明反被聪明误”，做得更差。

其实成功的投资真的不需要你太聪明，而是需要耐心和坚持，还有一颗热爱投资的心。

就说巴菲特吧，他的成功几乎征服了全世界所有投资者。每年《巴菲特致股东的信》成为很多人的投资圣经。过去几年，我4次到美国奥马哈参加巴菲特股东大会，每次参会的人数都达到4万多，大家往往把巴菲特的成果归功于他的聪明和睿智，归功于他异于常人的洞察力。但是巴菲特却告诉我们：成功的投资并不需要太聪明，投资并不是高智商的游戏。只要遵循一定的投资法则，克服人性的贪婪和恐惧，坚持价值投资，每个人都可能实现成功投资。

巴菲特曾经说过，“我从以前的导师那里学到了很多，从芒格身上我也学到了很多。我一生都在观察哪些东西可以进行商业运作。你要了解哪些事情是自己可以做到的，哪些是无力做到的。这并不复杂，不需要有很高的智商来进行投资，但必须有情感的控制。很聪明的人有时候会做一些很愚蠢的事情，避免‘自我摧毁’就好了。”这段话听起来很简单，但是里面却隐藏着巴菲特成功的秘密。那么普通人怎样才能在投资上取得成功呢？

一、找到自己的能力圈

首先，要找到自己的能力圈，在能力圈内进行投资。巴菲特说过，我们都要在自己的能力圈内做投资，不去投资自己看不懂、看不明白的公司，就像巴菲特当年始终没有投科技股，虽然错过了 2000 年互联网的新浪潮，但也成功躲过了随后的互联网泡沫破裂。而他按照自己熟悉的“套路”投资的可口可乐、喜诗糖果、吉列剃须刀都为他赚了不少钱，成为经典的投资案例。有些聪明人在获得短暂的成功之后就沾沾自喜，以为自己可以做好所有的投资，于是就介入一些自己不熟悉的领域，最后极可能亏大钱。因为每个人都有所长短，不可能所有行业和公司都非常了解，试图将在一个公司上的成功投资套在另一个公司上是不可取的。碰壁了懂得反思，回到自己的能力圈，才是聪明的做法，而碰壁了还往前冲，才是最愚蠢的做法。古人云，“知人者智，自知者明”，就是这个道理。

二、学会控制自己的感情

不要让自己的情绪影响投资。股市的波动是难免的，如果看好一只股票，就应该坚定持有，保持耐心，而不应该因为短期的波动而做出一时冲动的投资决策。有些人虽然很聪明，但是可能控制情绪的能力很差，大涨就喜形于色，大跌就垂头丧气，结果很容易做出错误的判断和操作。“追涨杀跌”是情绪行为，跟智力没有关系。有时候聪明的人会提前做出判断，而当看到市场反应跟自己的预期不一样的时候，往往不能耐心等待，而是马上做出反应，这时候的反应是没有经过深思熟虑的，很容易做出错误的判断。

巴菲特的老伙伴芒格也说过，情绪和机会有时候相辅相成，所以是可以从错误中学习的。他说：“我现在已经是祖父了，我经常讲的就是，不要羡慕别人的成功，只要中规中矩地做事。如果伯克希尔真的很聪明，可能还不会取得像今天这样的成功。”

巴菲特和芒格用一生的投资领悟告诉我们，投资不是高智商的游戏，不需要太聪明，聪明反而会带来麻烦。投资必须能控制情绪，中规中矩，必须关注人的品质，才能到达成功的彼岸。

三、有坚持的决心和耐心

要有坚持的决心和耐心，尽量不做短线投机。巴菲特一直反对“博短线”的投机方法，甚至曾经偏激地表示：一只股票，如果你不打算持有 10 年的话，那么你连 10 分钟都不要持有。对于很多人的失败，巴菲特也评价说：并不是不够聪明，常常是太过聪明，结果聪明反被聪明误。其实，能把正确的事情坚持重复下去，成功就是水到渠成的事。巴菲特做投资很简单，我去参加巴菲特股东大会的时候，曾经参观过巴菲特的办公室，他的办公桌上只有一堆上市公司年报和《华尔街日报》，还有一部电话，连一台看行情的电脑都没有，他现在用的手机也不是苹果手机。虽然巴菲特旗下的伯克希尔·哈撒韦公司是苹果的最大股东，但是巴菲特还在用传统的手机。他更不会看华尔街众多分析师的研究报告。他是真正用做企业的眼光来挑选公司和管理层，丝毫不在意短期股价的波动。

四、有一颗真正热爱投资的心

最后，也是最重要的是，你要有一颗真正热爱投资的心。俗话说，“兴趣是最好的老师”，做投资这么多年，我有一个很深的感悟就是，真正投资做得好的人，都是热爱投资的人。凭着对投资的热爱，他们自己就会努力学习，去读书、听课程，去跟有经验的人请教，并且会独立思考、判断行情，而不是跟风炒股票。所谓的热爱，并不是说赚钱了才喜欢，也不是说牛市来了才冲进市场，而是长期在这个市场里进行交易，找到好的公司进行投资，亏了钱就总结反思，赚了钱也不沾沾自喜，熊市里潜心研究思考，牛市里享受成果和快乐。我想，这也是那些做了多年投资的人想要分享的经验，如果做投资这件事的时候是发自内心的喜欢，而不是出于某种目的，也不在意回报的话，那就是真正的热爱。从这个层面来说，巴菲特，就是为投资而生的。

本节回顾

“

本节讲了成功的投资不需要太聪明。很多人误以为只有智商高的人才能够在投资上成功，其实聪明并不是成功投资的必备品质，而坚持、耐心和热爱才是成功投资最需要的特性。同时，还要找到自己的能力圈，控制自己的情绪，这些都不是单纯靠智力可以做到的。因此，我们普通人要对自己做投资有充分的信心，只要肯用心和努力，并且始终怀着热爱之心，假以时日，就一定可以取得投资的成功。

”

第47节

【案例】如何用价值投资的方法投资基金

2014年，我当时管理的南方策略优化基金获得当年基金行业的最高奖项——“股票型基金金牛奖”。2015年5月21日，面对中小创指数的疯长，当时前海开源基金不仅把仓位降低到接近空仓，而且公开发了一个公告，给投资者提示了市场的风险，特别是创业板的风险。随后一直空仓了9个月，在2016年春节之后，也就是发生熔断之后，市场的风险已经充分释放，蓝筹股已经提前见底，我们才开始全面加仓，从接近空仓加到接近满仓，而加仓的方向也都是一些优质的白龙马股，即白马股加行业龙头股。从2016年到2019年年初，这波蓝筹股的行情被我们完美地抓住，取得了不错的收益。

不得不说，这得益于我们价值投资的研究方法。

我们用基金销量、A股成交量和沪深300的市盈率来判断市场的顶部和底部，同时用8个指标来进行打分，包括宏观指标、市场情绪、基本面指标等，综合判断市场是否已经在情绪上进入了疯狂或者低迷，股市是否已经到了严重被低估或被高估的状态，从而做好投资决策。过去6年，我们成功地实现了2次逃顶、3

次抄底，在市场上引起了广泛的关注。

大家知道，公募基金是大众理财，也是最主流的一种资产管理形式。现在我们已经进入大资管时代，包括公募基金、券商资管、银行理财子公司，还有很多私募基金等，竞争非常激烈。

应该说过去十年公募基金的发展很快，但是在 A 股市场流通股的占比却在不断下降。据统计，公募基金里权益部分的资产占整个 A 股流通市值的比例在不断下降，2007 年的时候最高，大概 8% 以上，现在已经降到了 3%，该比例大幅下降的根本原因是什么呢？除了过去十年，整体市场缺乏大的机会，股票基金发行不好之外，很重要的一点就是很多基金经理没有帮客户做好净值的回撤，没有帮客户控制风险，也就是说投资者通过买基金获得回报的体验感并不好。用现在流行的话说就是，客户的获得感不强。比如 2015 年 A 股市场先涨后跌，先是从年初的 3000 点涨到了最高点 5178 点，然后从 5178 点跌回到 3000 多点。

从基金的单位净值来看，似乎当年很多基金取得了正收益，但是因为市场在低点的时候，投资者持有的基金份额比较少，而在高点的时候追涨买了很多基金，包括老基金和新基金，这就导致持仓成本大幅增加，而很多基金经理并没有帮客户在高点降仓，所以一旦到市场下跌时，牛市里基金赚的钱基本亏掉了，甚至加倍亏掉，因为投资者在高位加仓了。这出现了一种现象：虽然基金净值是增长的，但是很多投资者买的基金却亏钱了，这就会让投资者的获得感很差。

我曾经提过一个概念，叫“公募魔咒”，它是什么意思呢？就是在市场点位低、好股票多的时候，基金经理想建仓，但是投资者都不买基金，基金经理没有钱去建仓；而在市场高点，比如6000点、5000点的时候，投资者会一窝蜂地排队买基金，有的基金一天可以卖几百亿，这时候很多股票已经贵到天上去了，但是基金经理为了追求短期的净值增长，被迫建仓，这样的话市场一旦下跌，大家都会亏钱。

怎么打破这个“公募魔咒”呢？前海开源基金做了一个探索，我们在5000点的时候，发行了大概200亿元的新基金，但是没有建仓，而是一直等到2016年春节也就是2600点左右市场跌到底之后，才开始逐步建仓，这时候很多股票已经跌得很便宜了，此时建仓就可以获得一个比较好的收益。这就是我在开始时讲的，我们要用价值投资的方法去投资，才能够让投资者买在底部，卖在顶部、在投资基金的过程中赚钱。

我们知道FOF是这几年出现的一个基金品种，所谓FOF就是基金的基金，你买了FOF，基金经理不是用这个钱去买股票，而是直接去选市场上比较好的基金。现在FOF已经发行了好几批，从实际的业绩来看，前海开源基金在FOF的投资方面也取得了突出的成绩。比如，我和苏辛女士一起管理的前海开源裕源FOF发行于2018年5月，截至2019年年末，FOF的涨幅已经突破了30%，成为A股市场上第一只净值突破1.30元的FOF产品，大幅跑赢同类产品。取得这样突出业绩的原因，就是我们将大类资产配置的理念和方法成功地应用在了FOF的投资实践中。在前海开源裕源 FOF 成立初期，A 股市场一路震荡下行，裕源的持仓以固定收益资产为主，买了一些债权基金和货币基金，控制住了回撤；在 2018 年第四季度，前海开源基金率先提出“棋局明朗、全面加仓”，裕源 FOF 持仓结构转为权益类基金；2019 年 4 月，股市涨到 3288 点的时候，我们把权益类资产仓位下调，换成了黄金资产，来预防全球经济可能陷入衰退的风险。可以说，凭借我们在固定收益、权益资产、黄金等大类资产的精准布局，前海开源裕源 FOF 的业绩一直遥遥领先，稳居行业第一。

而前海开源旗下首只养老 FOF——前海开源康颐养老目标基金也是我作为基金经理的。我在持有该基金期间，采用目标风险策略来进行大类资产配置，最短持有期为 3 年，主要是为了鼓励个人投资者长期持有，培养追求长期稳健投资回报的投资习惯。长期持有更有利于获得稳健回报，因为 A 股市场短期波动大，根据大家的经验，一只基金，只要你买入的价格不是太高，持有 3 年，往往会获得相对较好的回报，而锁定三年的持有期，也有利于基金经理对产品进行操作，避免频繁申购、赎回所带来的被动地调仓，减少成本。

我们知道很多购买基金的投资者，自己是没有能力判断市场高点还是低点的，也就是不会择时。我觉得公募基金要想有大的发展，一定要提高投研能力，让基金经理帮助客户去择时，能够在高点的时候帮客户把权益仓位降下来，也就是把股票仓位降下来，而在低点的时候敢于抄底、敢于全面加仓。只有这样，客户买基金才会有获得感、才能长期赚钱，只有客户感受购买基金比购买其他理财能获得更高收益同时风险可以控制，公募基金规模才可能得到快速增长。

当然，有些基金经理在选股上比较有优势，选股能力强的基金经理在仓位控制上即使没有那么精准，但是因为个股选择做得比较好也可能获得好的回报，所以选择能力也是评判基金经理是否优秀的重要指标。从我们的案例中可以看出，投资者最初投资基金，如果买进去就亏钱的话，其实他是没有长期持有的信心和耐心的，因此要在低位时买入基金，在市场涨到很高的时候进行赎回。如果投资者自身没有判断能力，可以买入 FOF 或者养老目标基金，由基金经理帮你做判断，当然 FOF 和养老目标基金能否做得好，关键取决于基金管理公司以及基金经理的市场判断。对于自己有一定研究能力和判断能力的投资者，要遵循价值投资理念，不能盲目进行基金投资。

现在很多人在说指数基金定投，那是不是意味着做定投就可以随时买入，不进行择时呢？当然，只要持有的时间足够长，定投的频率足够高，成本最终会达到一个中间值，一般来讲是不会亏钱的，除非你买的基金太差了。但是为了避免我们时间成本的损失，以及打破“一买就跌”的心理负担，指数基金定投最好在指数处于低位的时候开始。比如，我一直认为 A 股 3000 点之下就是历史洼地，是绝对的“价值洼地”，这个时候开始定投，不仅短期内不会有亏损，而且从长期来看，会获得好的回报；相反，如果 A 股 5000 点时才开始定投，很可能后期就要不断摊低成本，寄希望于“微笑曲线”来盈利，那样的话，就需要花很多的时间才能盈利。

本节回顾

我们要用价值投资的方法去投资，才有可能让投资者买在底部，卖在顶部。基金经理也要提高投研能力，避免频繁申购、赎回。

※ 中国价值投资的机遇和挑战 ※

第48节

A股价值投资的制胜高点：白马股还是新经济

很多人问我，在当下和未来，A股应该投资哪个方向？是传统的白马股还是新经济？其实在2018年我就回答过这个问题。2018年以来，A股市场波动加大。我一直建议投资者通过持有优质股票来应对当前市场的大幅波动，只要你持有的是好股票，尽管在市场下跌时收益也可能跟随市场调整，但一旦大盘企稳，很多强势股的股价将涨回来甚至创出历史新高。

一、到底哪些股票是好股票

那么，到底哪些股票是好股票呢？在2016年我提出了一个概念叫作白龙马股，即白马股加行业龙头股，它是指既有基本面又有成长性的一些行业龙头公司，主要存在于未来业绩还能持续增长的行业，比如消费、金融、科技。从2016年至今，这些白龙马股的价格不断创出新高，而未来十年，我相信它们还会继续创新高，因为各路资本会逐步认识到它们股权的价值，不断流入这些白龙马股中。

那么，新经济板块特别是5G、人工智能、华为概念股等科技龙头股，也有投资机会，它们中的一些股票将来也有可能成长为白马股，但是新经济板块现在在 A 股市场的占比还不高，从配置策略来看，我认为应该三七开，70% 的资产配置在传统的白龙马股，而 30% 的资产配置在新经济板块，特别是一些细分行业龙头。2019 年市场的走势和我预期的很像，在年初的时候，我提出 2019 年十大预言，上证指数将重回 3000 点以上，而 2019 年 3 月、7 月、9 月正是券商、消费和科技龙头股三大板块依次表现带领指数 3 次站上 3000 点。2019 年由于猪肉价格大涨，猪肉类的股票也出现了大幅上行。而科创板在 7 月 22 日开板之后，新经济中的科技龙头板块，比如软件、芯片、5G 都有不错的表现，白龙马股的价值已经得到越来越多的认可，这也是价值投资的标的。任何股票不可能只涨不跌，有人问像这些白龙马股创新高之后还能不能买，应该说从短期来看，确实涨得快了，有可能出现回调，但是从中长期来看，它们的价值会越来越高，所以只要你的投资是盯住长期的，这些白龙马股的价格调整刚好提供了一个买入的机会，像股神巴菲特持有可口可乐三四十年，获得了长期稳定的回报，对于中间的波动，他并不理会。我们要坚持价值投资，就要把一些白龙马股当作底仓，当作养老的品种来持有，这样的话，即使短期内这些白龙马股出现了回调，我们也不应该感到恐慌，而应该感到欣喜，因为我们可以以更低的价格来加仓这些优质股票。

我们看一下巴菲特的长期持仓，其实给他带来长期回报的最主要的板块就是消费股，其次是金融板块，出于中国消费升级和人口增长，我认为消费股特别是消费白马股值得长期配置。

放眼全球，A 股是全球资本市场的估值洼地，从市盈率来看，在涨了 10 年之后，道琼斯指数和标普 500 指数都超过了 25 倍的市盈率，纳斯达克的市盈率甚至达到了 40 倍，相对而言，上证指数只有 15 倍的市盈率，上证 50 只有 11 倍的市盈率，可以说 A 股整体是全球资本市场的估值洼地。

一旦美股终结长达 10 年的牛市，美股三大股指出现比较大的回调，全球资本将有可能从美股流出来布局一些新兴市场的股市，而 A 股无疑是估值洼地，加上人民币汇率整体保持稳定，使外资不用担心汇率的风险，它们流入 A 股的速度将会进一步加快。2016 年年初我就提出 3000 点之下是 A 股的历史大底，在这个点位之下，投资者要采取只买不卖的策略，持有白龙马股可以应对市场的波动，可以穿越牛熊周期。

二、时间是价值投资的朋友

从历史上来看，投资者买贵州茅台这种白龙马股是很难亏钱的。只要你买的是好公司，未来这些公司业绩的增长会不断地消化它的估值，可以说时间是价值投资的朋友。在新经济方面，将来新经济板块有可能成为资本市场重要议题，特别是科创板推出之后，一些科创企业选择在科创板上市，其中可能有一些公司会有核心技术壁垒，有资本的支持，成长为大公司，但是很多科创板的公司可能没有这样的机会，会出现比较大的投资风险。所以对科创板投资，大家可以参与，但是一定要谨慎。

过去十年上证指数没有什么增长，有人调侃说十年上证指数就涨了一点，为什么会出现这种现象？除了和上证指数成分股的变化有关之外，我觉得很重要的原因就是过去十年中国经济已经转型，已经发生很多的变化，以 BATJ，也就是百度、阿里、腾讯、京东为代表的这些巨无霸公司的出现，已经替代了很多传统的行业，比如电商的出现冲垮了很多传统商场。很可惜这些公司都不在 A 股上市，而这几年成长起来的美团、拼多多也不在 A 股上市，所以 A 股市场并不能完全代表中国经济。

虽然过去十年，中国经济已经大踏步前进，但是 A 股市场表现却不佳。我们现在处于第四次科技革命之中，科技引领未来，经济转型也已经到了一个关键的时刻，不能再像过去那样依靠投资拉动出口带动的粗放式增长的模式，要转向消费拉动、科技创新带动的模式，增加研发投入，支持科创企业发展，将来中国涌现出一批像华为这样优秀的科技企业，我们才能够真正跨过中等收入陷阱，步入发达国家行列。

三、两种公司的投资方法不同

值得一提的是，投资这些新经济公司和传统行业的方法是完全不同的，一是要选绝对的龙头，因为很多新兴行业往往存在赢者通吃的现象，什么叫赢者通吃？就是行业第 1 名的收入和利润可能是第 2 名到第 100 名的总和，而行业第 2 名的收入和利润是第 3 名到 100 名的总和，如果你投资的不是行业龙头，就有可能在竞争中被淘汰，特别是在行业度过自由竞争阶段之后进入寡头垄断阶段，行业龙头公司会占据行业大部分份额。二是要用公司的成长性来判断公司的价值，而不能用静态的市盈率来看，比如科创板开始交易之后，很多人对科创板上的公司进行定价时还是采取传统的市盈率的模式，这是不可取的。因为这些科创企业还没有形成稳定的盈利，也没有形成稳定的商业模式，市盈率高低不一定代表这个公司贵贱，有的公司甚至没有盈利，又怎么能用市盈率呢？

那么这些公司到底贵还是便宜？我们要看它有没有核心技术，将来能不能取得成功，如果这些公司将来取得了业务上的成功，盈利会释放出来，它们的估值就是不贵的；如果这些公司经营不下去，或者说资金链断裂无法做下去，它们的估值就是很贵的。对于这些科创企业的投资，我们一定要用做一级市场的方法来做。一方面分散投资，投资多家企业从而提高成功的概率；另一方面要看这些公司将来的成长性能不能兑现，而不能用传统的市盈率或者市净率的方法，要综合运用多种估值方式，比如 ev/ebitda 或者市销率（PS）或者公司的流量、公司的技术含量、公司的专利数等。做新经济的投资也要坚持价值投资，狭义的价值投资是指对于传统价值股的投资。而广义的价值投资，也包括对于一些优质成长股的投资，新经济代表未来的发展方向，符合经济转型方向的一些科技龙头公司有望逐步释放业绩，股价也会有比较不错的表现。

本节回顾

我们认为 A 股价值投资的未来既包括传统白龙马股也包括新经济，它们是 A 股市场的“双支柱”。3400 点附近从长期来看，持有白龙马股，将会获得长期稳定的回报，是稳健的选择；而投资新经济则是投资未来，要密切关注新经济的走向，用发展的眼光看问题，采取成长估值法。当然从配比来看，建议投资者采取三七开，70% 配置在传统的白龙马股，30% 配置在新经济，这样的配置比例相对合理。无论在怎样的时代背景下，只有持有好公司、持有好股票，投资者才能穿越牛熊周期，而不用去预测明天是涨还是跌。

第49节 未来市场还有哪些风险和挑战

前面我已经讲了很多价值投资的方法，以及研究上市公司的方法，我认为未来十年是中国资本市场的黄金十年，但同时市场中也会有风险和挑战。本节我和大家分享一下中国资本市场未来的展望，以及未来可能存在的机遇和挑战。

我认为未来十年是中国资本市场的黄金十年，但黄金十年并不是说所有的股票都会上涨，而是能够代表中国经济发展的方向，处于行业龙头的这些好公司会迎来黄金十年，与绩差股和题材股无关。未来十年可能会有相当多的绩差股、题材股被迫退市，特别是现在A股有一元面值退市的规定，一些绩差股、低价股有可能会由于接近一元而被投资者抛弃，投资者担心它们将来会退市，会加速撤离。这样，未来十年将会有很多这种低价股退市，而一些绩差股也会在严格执行退市制度之后退市。

我在2019年年初提出A股市场将迎来黄金十年的观点，受到了很多的关注。当然质疑的人也有很多，但是我相信未来十年的机会恰恰就是在资本市场上。现在国家经济对于房地产的依赖度在减少，并且提出了“房子是用来住的，不是用来炒的”。国家通过限购、限贷控制住了房价过快上涨的趋势，这表明房地产未来的投资回报率会下降。

而从投资比例来看，中国居民现在 70% 的财富配置在楼市，这个比例过高了。将来哪怕下降到 50%，也将会有 20% 的资金流出。20% 是多少呢？大概是几十万亿的资金，这些资金会寻找新的投资渠道，而只有股市才有这么大的市场容量。实体经济在转型期，很多传统行业已经产能过剩，投资新兴行业也有风险。

未来十年真正的传统行业的龙头公司、绩优公司将受到资金的追捧，从而股价不断创出新高，产生比较好的投资价值。说得极端一点，未来十年最大的投资机会就是在资本市场。从实业的角度来看，现在国内的各行各业基本上已经度过自由竞争阶段，进入龙头领跑阶段。在此阶段，行业龙头的营业收入和利润具备压倒性的优势，这也是一个行业成熟的阶段，在这个阶段它们不会再打价格战，而可能会形成强强联合，进而形成默契，不断地提高产品的价格。

比如每年推出一个新款，从而获得更多的利润。当然产品的质量也会相应提升，随着技术的进步，有可能产品的价格还会下降。但是由于技术进步带来的成本下降，龙头公司还会获得比较好的回报。比如家电行业就是典型的制造业，现在家电行业经过 20 年的发展，实现了优胜劣汰，基本上就剩下格力、美的、海尔这三家领头羊。虽然制造业挣钱很难，但是它们每年的盈利情况非常可观。如果你真正看好家电行业的发展，与其去投资家电做实业，不如直接通过二级市场买入这些公司的股票来分享它们的成长。

通过做实业和这些行业领头羊竞争，胜算的机率是非常小的，因为行业格局已经稳定。当然，一些非龙头的公司就面临比较大的投资风险，这些非龙头的公司可能会在行业低迷或经济下行的时候被淘汰，所以投资风险比较大。我相信我对于A股市场将迎来黄金十年的判断会逐步得到验证。从经济上来看，现在我国经济已经在逐步转型升级，过去依赖房地产拉动，依赖出口带动，依赖基建投资，现在逐步转向依赖消费增长，依赖科技进步，经济在转型，我们的投资方向也要转变。

从以前投资工业企业、房地产企业逐步转向投资消费企业，投资科技企业，现在消费已经超过了投资和出口，成为推动GDP增长最重要的因素。而第三产业服务业也超过了第一产业农业和第二产业工业，成为经济增长最重要的推动力。经济转型是非常明显的，将来第三产业的比重还会继续提高，服务业也将迎来更好的发展机会。所以我们不能老是纠结于经济增速的高低，而是要关注经济增长的质量和产业结构的变化。

如果再去投资那些传统的工业企业，有可能会造成比较大的投资风险。它们在经济中的占比不断地下降，在A股市场的市值也会不断地减少。正是由于这种经济的背景，所以这几年A股出现了严重的分化，一些业绩持续增长的消费公司不断创新高，代表经济未来发展方向的科技龙头股也受到资金的追捧，而一些传统行业的股票则不断被边缘化。可以说，投资方向的选择是投资者面临的一大风险。还有一个值得注意的投资风险就是投资理念的转变。A 股市场传统上是以散户为主的市场，所以散户喜欢的公司往往在牛市中涨得比较好。

比如一些题材股、概念股，在牛市的时候涨得比好股票还多，但是现在散户的占比逐步减少，去散户化的过程在加速。根据中金公司统计，从 2014 年到 2018 年，散户在 A 股市场的占比已经从 72% 降到了 50%，将来比例还会进一步下降到 40% 甚至 30%。像美国、中国香港这些成熟市场，散户投资者的占比只有 20%，机构投资者具备定价权，所以机构喜欢的一些股票，也就是基本面好的这些股票将会受到资金的追捧，而散户喜欢的股票则可能会不断下跌甚至退市。

作为普通投资者，我们要转变投资理念，坚持价值投资。在学习了价值投资之后，希望能够把价值投资理念运用到实处，能够真正指导投资，做好公司的股东，从而分享中国经济的成长。

这是我们价值投资课程系列的最后一节。经过这么长时间的学习，相信大家跟着我已经了解和熟悉了价值投资的方法，以后也不会盲目投资了。对于未来，我们要学会敏锐地观察市场，学会研究好公司、好股票，祝愿大家能够在中国资本市场黄金十年中取得更大的收益。

本节回顾

未来投资的第一个风险是你所投资的股票基本面不好，比如一些绩差股和题材股，可能会面临比较大的风险，这些股有可能会被退市。所以大家一定要坚持价值投资。第二个风险是投资一些非龙头公司的股票，这些非龙头公司在经济下行的时候，有可能会面临经营的滑坡。第三个风险是投资传统的一些工业企业或者经济转型受到冲击的行业，有可能会导致股价的下跌。最后，如果你不转变投资理念，不坚持用价值投资，还是用追涨杀跌、炒短线、炒题材的办法，也有可能造成比较大的投资风险。